AF281748

1   Ernährung bei Rheuma

Diese Empfehlungen bitte immer mit Ernährungsberater/in, Arzt oder Diätologen/in absprechen! Die Rezepte und Zutatenlisten unterstützen die medizinischen Therapien.

Die Kalorienangaben frischer Zutaten (Obst und Gemüse) und die Inhaltsstoffe schwanken je nach Qualität und Erntezeit. Die Inhalte wurden von einer Diätologin und einer Ernährungsberaterin für die Traditionelle Chinesische Medizin (TCM) geprüft.

Autor:
©2022 Josef Miligui
Liebe Leserinnen und Leser, ich wünsche Ihnen viel Erfolg und gutes Gelingen bei der Umstellung Ihrer Ernährung. Dieses Buch wurde aus eigener Erfahrung mit Krankheit und Ernährung geschrieben und ich habe schon immer das Zubereiten guter Speisen geschätzt. Wenn Sie nicht so geübt sind im Kochen, empfiehlt sich ein Kurs bei Ernährungsberatern oder Diätologen, die Ihnen die Grundlagen der Kochmethoden sowie die richtige Verarbeitung der Zutaten vermitteln können. Anhand der Lebensmittellisten aus diesem Buch können Sie weitere Rezepte entwickeln und entdecken.

Quelle:
Die Listen werden aus der EBNS-Datenbank für die Ernährungsberatung generiert. Die Datenbank wird von Ernährungsberater, Therapeuten und Ärzte für die Beratung der Patienten/Klienten verwendet und ermöglicht eine Kombination mehrerer Syndrome.

Literaturliste:
Wir haben die Unterlagen als Wissensbasis genutzt und an unsere Erfahrungen angepasst und ergänzt.
www.ebns.at

Herstellung und Verlag:
BoD – Books on Demand, Norderstedt
ISBN: 9783837050523

1.1   Vorwort

Die Weltgesundheitsorganisation (WHO) davon spricht, dass bis zu 80% der Erkrankungen durch äußere Faktoren wie Ernährung, Lebensstil, Umweltgifte und dergleichen beeinflusst werden.

Welche Faktoren also jeder einzelne von uns aktiv beeinflussen kann und somit seine Chancen auf Erhöhung der allgemein Gesundheit erzielen kann, darum geht es auf den folgenden Seiten.

Der Fokus in diesem Buch liegt auf dem Faktor mit der größten Hebelwirkung - der Ernährung.
Schon Hippokrates hat einst gesagt "Lass die Nahrung deine Medizin sein und Medizin deine Nahrung!" Kräuterpädagog:innen heute sagen so: "Es gibt für jede Krankheit das richtige Kraut."

Egal wie wir es drehen und wenden, wir sind was wir essen (und was unser Essen gegessen hat). Der moderne Mensch sieht sich gerne isoliert von seiner Umwelt. Wir entstehen aus unserer Umwelt, wir leben inmitten von ihr und wenn wir sterben gehen wir wieder in unsere Umwelt über. Während wir leben essen wir das, was in unserer Umwelt wächst (oder in Fabriken chemisch erzeugt wird). Diese Nahrung liefert die Energie und Bausteine, für den eigenen Körper, für den Stoffwechsel, Zellerneuerung, den Hormonhaushalt und damit für unser gesamtes Sein, die Gesundheit und unser Empfinden.

Hier ein paar Grundbausteine, bevor in dem Buch noch näher auf Ernährungsfaktoren eingegangen wird, die sozusagen der kleinste gemeinsame Nenner der meisten Ernährungsphilosophien sind:

- Saisonalität
    - o Winterpflanzen, wie zum Beispiel verschiedene Kohlgewächse, versorgen uns mit Unmengen von Vitamin C und Bitterstoffen. Zwei Faktoren, die unser Immunsystem bei der Abwehr von der Kälte und den typischen Infekten in der Winterzeit unterstützen.
    - o Sommerpflanzen wie zum Beispiel Gurken, Tomaten aber auch Zitrusfrüchte kühlen unseren aufgeheizten Körper und versorgen uns mit viel Wasser.
    - o Außerdem müssen bei saisonalen Pflanzen weniger chemische Helferlein eingesetzt werden, da die passenden Umweltfaktoren das Wachstum sowieso fördern.
- Regionalität
    - o Damit einher geht auch der Faktor der Regionalität. Regionale pflanzliche Lebensmittel werden reif geerntet und haben somit alle Nährstoffe entwickeln können. Im Gegensatz dazu wird Obst und Gemüse aus ferneren Ländern unreif geerntet und nur durch den Einsatz von chemischen Mitteln unnatürlich "nachgereift" - bzw. nur

nach-gefärbt. Die Dichte der Nährstoffe und auch der Geschmack kann dabei niemals mit regionalen Lebensmitteln mithalten. (Sie haben es vielleicht schon selber erlebt, dass eine Südfrucht aus dem jeweiligen Ursprungsland dort im Urlaub viel süßer und vollmundiger schmeckt als die gleiche Frucht aus dem zentraleuropäischen Supermarkt).

- Pflanzenbasierte Ernährung
  - o Ja, diese Basis teilen selbst die Anhänger der Fleischdiät mit den Veganern. Denn bei der Fleischdiät geht es auch um Fleisch von Tieren, die sich artgerecht, sprich von vielen Gräsern und Kräutern ernährt haben. Die Masse an Getreide in der heutigen Ernährung - egal ob bei Mensch oder Tier - entspricht nicht der natürlichen Ernährungsweise. Sie macht uns krank, dick und manche behaupten sogar dumm (das weist auf die Schädigung der neuronalen Netzwerke hin, die durch den Konsum von Kohlenhydraten passiert hin). Pflanzen im Sinne von Gemüse, Kräutern, Salaten, Sprossen, in geringen Mengen Obst, Nüsse, Samen, etc. liefern neben den viel beschriebenen Vitaminen und Mineralstoffen vor allem sekundäre Pflanzenstoffe, die herausragende Heilwirkung haben. So werden eine Vielzahl unserer Medikamente auf Basis der natürlich vorkommenden Pflanzenstoffe nachgebaut. Allerdings sind da diverse Säuren und andere Wirkstoffe extrahiert und wirken nur alleine - mit den Pflanzen selbst nehmen wir sie in einer reichhaltigen und sich gegenseitig verstärkenden Kombination vielerlei wirksamer Stoffe zu uns.

Ja zusätzlich zu diesen 3 großen Punkten gibt es immer noch sehr viel zu beachten. Ein optimales Verhältnis von Omega 3 zu Omega 6 Fettsäuren (empfohlen wird 1:3), eine individuell und situationsbedingte Eiweißversorgung und so weiter.

Eine ganz gute und einfache Richtlinie für die alltägliche Ernährung bietet der ideale Teller. Der sieht so aus, dass möglichst jede Mahlzeit zur Hälfte aus pflanzlichen Bestandteilen besteht, ein Viertel der Eiweißversorgung dient und ein Viertel die Mahlzeit durch gute Fette und eventuell Kohlenhydrate abrundet.

Die Feinjustierung rund um die Zubereitungsarten, die

Zusammenstellungen und so weiter sehe ich als sehr individuell an. Es gibt meines Erachtens nicht die 1 perfekte Ernährung. Es gibt so viele großartige Philosophien und Studien, die alle wunderbare Heilungen berichten und sich dabei aber gegenseitig ausschließen. Was auf den ersten Blick vielleicht paradox wirkt, eröffnet bei näherer Betrachtung ganz viele Möglichkeiten des Probierens und neuer Chancen.

Neben der Ernährung werden noch folgende Faktoren genannt:
- die Giftstoffbelastung in unserer Umwelt sowie in Pflegeprodukten oder eben in der Ernährung
- eine Balance aus Aktivität, (kurzzeitigem) Stress und der Entspannung wie auch Schlaf
- Aufarbeitung der emotionalen Wunden aus der Vergangenheit und Steigerung der Resilienz
- Biologische Zahnheilkunde
- eine optimierte Versorgung durch Heilkräuter, Heilpilze udgl.
- Früherkennung durch bewährte und schonende Verfahren

1.2 Beschreibung

Umgangssprachlich werden alle schmerzhaften Erkrankungen an Rücken, Gelenken und Knochen sowie Muskeln, Sehnen und Bändern als Rheuma bezeichnet. Rheuma ist jedoch nicht gleich Rheuma – hinter dem Begriff verbergen sich 300 voneinander abgrenzbare Krankheitsbilder mit unterschiedlichen Krankheitsursachen und Verläufen. Sie lassen sich nach Art und Lokalisation grob einteilen in: Entzündlich-rheumatische Erkrankungen sind häufig Autoimmunerkrankungen, die nach ihrem Einsetzen die Betroffenen meist ein Leben lang begleiten. Charakteristisch ist die (primäre) Gelenkentzündung, die Arthritis. Entzündlich-rheumatische Erkrankungen beschränken sich aber nicht auf den Bewegungsapparat, sondern können nahezu alle Organsysteme in Mitleidenschaft ziehen. Am häufigsten ist die Rheumatoide Arthritis, die allmählich die Gelenke zerstört (1 % der Bevölkerung leidet daran). Fast ebenso häufig ist der Morbus Bechterew. Seltener sind Kollagenosen und Vaskulitiden: schwere Multiorgankrankheiten, bei denen vor allem das Bindegewebe bzw. die Blutgefäße befallen sind. Stoffwechselerkrankungen mit rheumatischen Beschwerden wie z.B. die Gicht. Degenerative Gelenkerkrankungen aufgrund von Überlastungs- und Verschleißerscheinungen (manchmal „Verschleißerkrankungen" genannt, korrekt ist aber der Begriff Arthrose). Sie betreffen vor allem Wirbelsäule, Hüftgelenke und Kniegelenke.

1.3 Therapiestrategie

Fünf Portionen Obst und Gemüse am Tag sowie der regelmäßige Verzehr von Hülsenfrüchten versorgen den Körper mit ausreichend Antioxidantien wie Vitamin C, Vitamin E, Beta-Karotin und Selen. Diese Stoffe fangen aggressive Sauerstoffradikale ab, die bei entzündlichen Prozessen vermehrt gebildet werden. Verwenden Sie wertvolle Pflanzenöle wie Raps-, Soja- und Walnussöl und ein Vitamin-E-reiches Streichfett wie etwa Margarine. Zwei Seefischmahlzeiten pro Woche können sich aufgrund der günstigen Omega-3-Fettsäuren ebenfalls positiv auf das Krankheitsbild auswirken.

1.4 Vermeiden

Fettreiche tierische Produkte wie Wurstwaren, verschiedene Fleischsorten, Butter und Käse sollten nur selten und in geringen Mengen auf dem Speiseplan stehen. Sie enthalten Arachidonsäure, aus der entzündungsfördernde Botenstoffe gebildet werden. Alkohol und Nikotin.

2 Speiseplan

Kkal. p. Portion

2.1 Frühstück

2.2 Jause

2.3 Mittag

2.4 Nachmittag

2.5 Abend

3 Rezepte

empfehlenswert = Sie können mehr verwenden
wenig = wenn möglich weniger verwenden
weniger als angegeben = möglichst nicht verwenden

3.1 Andalusischer Fischtopf

Stärkt Immunsystem, beugt Krebs vor, löst Stagnation, fördert
Gewichtsabnahme, regt Appetit an. Gut bei Abwehrschwäche,
Appetitlosigkeit, Blähungen, Bluthochdruck, Depressionen, Diabetes,
Durchfall.
Anzahl Portionen: 4
Kalorien p. Portion 348
Gramm p. Portion 355,05
Kochdauer ca. 30 Min.
Allergene: ADLO
(Kohlehydrat:71,39% / Eiweiß & Fett:28,61%)
100g.≈ Eiweiß 20,04g. Fett:6,52g.
µg. - Ph:15,55 Na:20,18 Ka:34,69 Mg:13,44 Ca:42,9 Fe:0,13 Zn:0,02 Col.:0,79 Hsr.:9,89

Zutaten:
Grundrezept für eine Gemüsebrühe nahrhaft 500 ml. / 500g. (ja)
Zwiebel Frühlingszwiebel 2 Stück / 40g. (ja)
Olivenöl 1 EL / 20g. (ja)
Zitrone Schale 1/2 Stück / 3g. (ja)
Lorbeerblatt 1 Stück / 1g. (ja)
Kartoffel 200 g / 200g. (ja)
Kabeljau 300 g. / 300g. (empfehlenswert)
Weißwein 4 EL / 80g. (wenig)
Zitrone Saft 1/2 EL / 10g. (ja)
Salz 1 Prise / 1g. (wenig)
Pfeffer gemahlen 1 Prise / 0,2g. ()
Petersilie 1 EL / 15g. (ja)
Weißbrot (Weizenbrot) 8 Scheiben / 250g. (ja)

Kochanleitung:
Gemüsebrühe mit kleingeschnittenen Frühlingszwiebeln, Olivenöl,
abgeriebener Zitronenschale und Lorbeerblatt zum Kochen bringen und
zugedeckt 10 Min. kochen. Geschälte, kleingewürfelte Kartoffeln
zufügen und in ca. 8 Min. fast weich kochen. Fischstücke und Weißwein
zugeben und den Herd auf kleine Stufe schalten. In der leicht
kochenden Brühe den Fisch in wenigen Minuten gar ziehen lassen. Mit
Zitronensaft, Salz und Pfeffer abschmecken und mit Petersilie bestreut
servieren. Als Beilage Weißbrot dazu reichen.

3.2 Bad mit Lavendel

Beruhigend, regeneriert das zentrale Nervensystem. Gut bei Unruhezuständen, Appetitlosigkeit und nervösen Darmbeschwerden.

Anzahl Portionen: 2
Kalorien p. Portion 0
Gramm p. Portion 2,5
Kochdauer ca. 10 Min.
Allergene:
(Kohlehydrat:0% / Eiweiß & Fett:0%)
100g.≈ Eiweiß 0g. Fett:0g.
µg. - Ph:0 Na:0 Ka:0 Mg:0 Ca:0 Fe:0 Zn:0 Col.:0 Hsr.:0

Zutaten:
Lavendelblüten 1 Säckchen / 5g. (ja)

Kochanleitung:
Bad einlassen und ein zugebundenes Stoffsäckchen mit dem Lavendel in das Wasser geben und 10 Minuten ziehen lassen. Das Säckchen kann mehrmals ausgedrückt werden, bevor man es herausnimmt.

3.3 Blattsalat mit Frischkäse

Die Bitterstoffe besitzen eine galle- und harntreibende Wirkung und fördern die Durchblutung im Verdauungstrakt mit deutlicher Verbesserung der gesamten Verdauungsfunktion. Senf verbessert Schilddrüsenfunktion und lindert rheumatische Beschwerden.

Anzahl Portionen: 1
Kalorien p. Portion 802
Gramm p. Portion 260,5
Kochdauer ca. 5 min.
Allergene: AFM
(Kohlehydrat:20,86% / Eiweiß & Fett:79,14%)
100g.≈ Eiweiß 22,11g. Fett:52,98g.
µg. - Ph:138,56 Na:312,5 Ka:257,23 Mg:28,83 Ca:84,45 Fe:0,54 Zn:0,48 Col.:0,06 Hsr.:14,62

Zutaten:
Blattsalate (bitter) 2 Portionen / 60g. (ja)
Frischkäse aus Soja 150 g. / 150g. (empfehlenswert)
Senf 1 Messerspitze / 1g. (ja)
Zitrone Saft 1 Schuss / 3g. (ja)
Salz 1 Prise / 1g. (wenig)
Pfeffer gemahlen 1 Prise / 0,5g. ()
Kräuter verschiedene 2 TL / 4g. (ja)
Schwarzkümmel 1 Prise / 1g. (ja)
Vollkornbrot 2 Scheiben / 40g. (ja)

Kochanleitung:
Blattsalat waschen und klein zupfen. 150 g Frischkäse, etwas Senf, einen Spritzer Zitronensaft, 1 Zehe Knoblauch, gehackte frische Kräuter, eine Prise Pfeffer und zerstoßenen Schwarzkümmel verrühren und über den Salat geben. Dazu Vollkornbrot reichen.

3.4 Bratapfel

Gut bei akuter oder chronischer Verstopfung, erwärmt Magen und Milz, fördert Durchblutung. Gut bei Magenschmerzen, Verdauungsstörungen, Nierenschwäche, Rücken- und Bauchschmerzen, Impotenz, Nierenschwäche.

Anzahl Portionen: 4
Kalorien p. Portion   408
Gramm p. Portion   353,5
Kochdauer ca.   30 Min.
Allergene: GH
(Kohlehydrat:51% / Eiweiß & Fett:49%)
100g.≈ Eiweiß 11,89g. Fett:22,21g.
µg. - Ph:5,08 Na:1,79 Ka:11,92 Mg:1,37 Ca:5,71 Fe:0,03 Zn:0,03 Col.:4,65 Hsr.:0,51

Zutaten:
Apfel (sauer) 4 Stück / 500g. (ja)
Haselnüsse 50 g. / 50g. (ja)
Mandeln 50 g. / 50g. (ja)
Zimtpulver 1 Prise / 0,2g. (ja)
Vanillezucker natur 1 Paket / 3g. (ja)
Kuhmilch (Vollmilch 3,5 % Fett) 2 EL / 24g. (wenig)
Zucker (Staubzucker) 3 EL / 36g. (wenig)
Zimtpulver 1 Prise / 1g. (ja)

Kochanleitung:
Die Äpfel waschen, einen Deckel abkappen, Kerngehäuse mit einem Teelöffel ausstechen, so dass unten der Apfel dicht bleibt. Nüsse, Mandelstifte, Fruchtzucker, Milch, Vanillezucker und Zimt gut vermengen und die Masse in die Äpfel füllen. Die Deckel wieder aufsetzen. Im vorgeheizten Backofen bei 180 Grad ca. 20 Min. backen.
Staubzucker und Zimt mischen,
Vanille-Joghurt auf Teller verteilen, jeweils 1 Bratapfel darauf setzen, mit Zimt-Staubzuckermischung bestreuen und sofort heiß servieren!

3.5 Cranberrisaft

Antibakteriell, harntreibend. Gut bei Appetitlosigkeit, Arteriosklerose, Blasenentzündung, Durchfall, Fieber, Gicht, Magengeschwür, Mundschleimhautentzündung, Rheuma. Gegen freie Radikale, gegen Erkältung. Beugt Vitamin-C-Mangel vor.

Anzahl Portionen: 1
Kalorien p. Portion 43
Gramm p. Portion 160
Kochdauer ca. 5 Min.
(Kohlehydrat:98,46% / Eiweiß & Fett:1,54%)
100g.≈ Eiweiß 0,14g. Fett:0,02g.
µg. - Ph:2,06 Na:1,53 Ka:11,69 Mg:1,16 Ca:4,22 Fe:0,09 Zn:0,1 Col.:0 Hsr.:3,12

Zutaten:
Cranberries 2 EL / 25g. (ja)
Wasser 1 Tasse / 125g. (ja)
Honig 1 EL / 10g. (ja)

Kochanleitung:
Cranberries und etwas Wasser mit dem Pürierstab zu einem Brei mixen. Mit dem restlichen Wasser aufgießen und mit Honig süßen.

3.6 Dinkel mit Obst und Nüssen

Regt Appetit an, stoppt Durchfall, fördert Verdauung, lindert Müdigkeit, schützt vor Tumorleiden und Leukämie, wirkt förderlich bei Lebensmittelallergien, ist stoffwechselregulierend, senkt Blutzucker und Cholesterin, entzündungshemmend im Magen-Darm-Trakt

Anzahl Portionen: 3
Kalorien p. Portion 289
Gramm p. Portion 286,33
Kochdauer ca. 1 1/2 Stunden
Allergene: AH
(Kohlehydrat:76% / Eiweiß & Fett:24%)
100g.≈ Eiweiß 8,64g. Fett:6,67g.
µg. - Ph:9,7 Na:8,81 Ka:25,53 Mg:3,53 Ca:2,83 Fe:0,14 Zn:0,02 Col.:0 Hsr.:2,96

Zutaten:
Dinkel 1 Tasse / 120g. (ja)
Wasser 1 Tasse / 50g. (ja)
Apfel (süß) 1 Stück / 220g. (ja)
Aprikose 1 Stück / 200g. (ja)
Pfirsich 1 Stück / 120g. (ja)
Zimtpulver 1 Prise / 1g. (ja)

Kardamom 1 Prise / 1g. (ja)
Salz 1 Prise / 1g. (wenig)
Erdbeere 1 Tasse / 120g. (ja)
Mandelmus 1 EL / 15g. (ja)
Kakao 1 Prise / 1g. (ja)
Walnüsse 1 EL / 10g. (empfehlenswert)

Kochanleitung:
Dinkel in heißem Wasser aufsetzen und gar kochen. Danach: Süßes, kleingeschnittenes Obst (Äpfel, Aprikosen, Pfirsiche) in wenig heißem Wasser mit etwas Zimt kurz andünsten. Gemahlenen Kardamom und/oder Koriander, eine kleine Prise Salz, den gekochten Dinkel und evtl. Erdbeeren (nach Jahreszeit) dazugeben und erhitzen. Mit Kakao und gerösteten Nüssen überstreuen.

3.7 Frühlingssalat

Blutbildend, blutreinigend, harntreibend, entgiftend. Senkt Blutdruck, lindert Entzündungen. Gut bei Magenbeschwerden, Verdauungsschwäche, Verstopfung, Durchfall. Hilft Fett zu verdauen.
Anzahl Portionen: 4
Kalorien p. Portion 162
Gramm p. Portion 210,25
Kochdauer ca. 10 Min.
Allergene: AEMN
(Kohlehydrat:67% / Eiweiß & Fett:33%)
100g.≈ Eiweiß 7,68g. Fett:3,57g.
µg. - Ph:3,64 Na:5,07 Ka:20,01 Mg:1,77 Ca:5,24 Fe:0,18 Zn:0,03 Col.:0 Hsr.:2

Zutaten:
Sauerampfer 150 g. / 150g. (ja)
Löwenzahn (junger) 100 g. / 100g. (ja)
Mungbohnensprossen 75 g. / 75g. (ja)
Kresse 100 g. / 100g. (ja)
Lauchzwiebel Schnittlauch 1 Bund / 50g. (ja)
Tomate 2 Stück / 100g. (ja)
Petersilie 1 Bund / 50g. (ja)
Sesam Paste (Tahini) 2 EL / 16g. (ja)
Sojasauce 1 Schuss / 3g. (ja)
Senf 1/2 TL / 2g. (ja)
Weißbrot (Weizenbrot) 6 Scheiben / 120g. (ja)

Kochanleitung:
Alle Salatzutaten waschen, mischen und die Soße folgendermaßen zubereiten: Tahin mit Senf, Balsamico-Essig, Tamari, Olivenöl, Schnittlauch und der Hälfte der Petersilie mischen. Die Soße über den Salat gießen und unmittelbar vor dem Servieren die restliche Petersilie drüberstreuen. Mit dem Weißbrot servieren.

3.8 Gegrillte Lachssteaks mit Blumenkohl und Kartoffeln

Verbessert Verdauung, harntreibend, senkt Cholesterinspiegel.
Anzahl Portionen: 4
Kalorien p. Portion 329
Gramm p. Portion 386,75
Kochdauer ca. 30 Min.
Allergene: D
(Kohlehydrat:33% / Eiweiß & Fett:67%)
100g.≈ Eiweiß 33,21g. Fett:24,12g.
µg. - Ph:7,53 Na:1,45 Ka:21,74 Mg:1,35 Ca:0,97 Fe:0,04 Zn:0,03 Col.:0,71 Hsr.:4,74

Zutaten:
Knoblauch 1 Zehe / 1g. (ja)
Zwiebel Schalotte 1/2 Stück / 5g. (ja)
Zitrone Saft 1 Spritzer / 1g. (ja)
Salz 1 Prise / 1g. (wenig)
Blumenkohl (Karfiol) 1 Stück / 500g. (ja)
Olivenöl 2 EL / 20g. (ja)
Knoblauch 1 Zehe / 1g. (ja)
Wasser 1/4 Tasse / g. (ja)
Petersilie 3 EL / 15g. (ja)
Kartoffel 500 g. / 500g. (ja)
Salz 1 Prise / 1g. (wenig)
Lachs 4 Stück (Steaks) / 500g. (empfehlenswert)
Zitrone 1/2 Stück / 2g. (ja)

Kochanleitung:
Knoblauch-Schalotten-Mischung: Knoblauch fein zerdrücken, Schalotten fein hacken, einen Spritzer Zitronensaft und Salz dazugeben und verrühren. Mit wenig Öl zu einer Paste verrühren. Blumenkohl: Den Blumenkohl in halbwegs gleichmäßige Stücke zerteilen. In einem schweren Topf das Öl erhitzen und den zerdrückten Knoblauch kurz anbraten. Die Blumenkohlstücke hineingeben und im Öl wenden. Etwas Wasser zugießen und so lange kochen, bis der Blumenkohl bissfest ist. Den Blumenkohl abseihen und das restliche Wasser einkochen lassen, bis eine dicke Soße übrigbleibt. Blumenkohl wieder dazugeben und mit

einem Holzlöffel grob zerdrücken. Die gehackte Petersilie und Salz hinzugeben. Kartoffeln: In einem Topf mit viel Wasser die Kartoffeln weich kochen, abseihen und schälen .Lachssteak: Den Backofen bei ca. 180 Grad vorheizen. Die Lachsscheiben mit der Knoblauch-Schalotten-Mischung einreiben und so dicht wie möglich an der Wärmequelle jeweils 4 bis 8 Min. von beiden Seiten grillen. Sie sind fertig, wenn sich beim Einstechen mit einer Gabel das Fleisch leicht teilen lässt. Alles anrichten und mit Zitronenscheiben und der gehackten Petersilie bestreuen.

3.9   Gegrillte Tomaten mit Käsefüllung

Fördert Verdauung, hilft Fett zu verdauen, harntreibend, senkt Blutdruck, regt Verdauung an.

Anzahl Portionen: 2
Kalorien p. Portion   469
Gramm p. Portion   319,5
Kochdauer ca.   30 Min.
Allergene: ACG
(Kohlehydrat:38% / Eiweiß & Fett:62%)
100g.≈ Eiweiß 18,89g. Fett:30,98g.
µg. - Ph:25,05 Na:101,57 Ka:41,33 Mg:3,14 Ca:21,11 Fe:0,17 Zn:0,12 Col.:13,64 Hsr.:4,36

Zutaten:
Tomate 8 Stück / 200g. (ja)
Schafskäse 75 g. / 75g. (wenig)
Frischkäse 75 g. / 75g. (wenig)
Huhn Ei 1 Stück / 60g. (wenig)
Olivenöl 1 EL / 12g. (ja)
Basilikum (frisch) 1 EL / 6g. (ja)
Salz 1 Prise / 1g. (wenig)
Pfeffer gemahlen 1 Prise / 0,5g. ()
Oliven 30 g. / 30g. (ja)
Rucola Rauke 10 dag. / 100g. ()
Weißbrot (Weizenbrot) 4 Scheiben / 80g. (ja)

Kochanleitung:
Tomaten großzügig aushöhlen und in eine Auflaufform setzen. Käse, Olivenöl, Ei, gehackten Basilikum und Mehl verrühren, mit Salz und Pfeffer würzen und in die Tomaten füllen .Im vorgeheizten Ofen bei 210 Grad auf der mittleren Schiene 15 Min. backen, dann den Backofengrill zuschalten und weitere 3 Min. übergrillen (ohne Umluft). Die Oliven entsteinen, hacken und auf die Tomaten streuen. Tomaten mit Rucola garnieren und mit Weißbrot servieren.

3.10 Gemüsenudeln mit Tomatensugo

Schont die Verdauungsorgane, entgiftet. Gut bei Appetitlosigkeit, Blähungen, Darmentzündung, Fettsucht, Gicht, Magengeschwür, Magenkrämpfen, Rheuma, Sodbrennen, Zwölffingerdarmgeschwür. Fördert Verdauung, hilft Fett zu verdauen.

Anzahl Portionen: 2
Kalorien p. Portion 562
Gramm p. Portion 281,1
Kochdauer ca. 45 Min.
Allergene: ACG
(Kohlehydrat:69,56% / Eiweiß & Fett:30,44%)
100g.≈ Eiweiß 14,06g. Fett:21,69g.
µg. - Ph:42,24 Na:6,41 Ka:89,19 Mg:16,12 Ca:13,53 Fe:0,61 Zn:0,2 Col.:8,37 Hsr.:36,02

Zutaten:
Tomate 125 g. / 125g. (ja)
Karotte (Mohrrübe, Möhre) 1 Stück / 80g. (ja)
Zucchini 1 Stück / 80g. (ja)
Olivenöl 1 EL / 15g. (ja)
Zwiebel Schalotte 1 Stück / 20g. (ja)
Oregano getrocknet 1 Prise / 1g. (ja)
Salz 1 Prise / 1g. (wenig)
Pfeffer gemahlen 1 Prise / 0,2g. ()
Nudeln (Weizen) mit Ei 200 g. / 200g. (wenig)
Olivenöl 1 EL / 10g. (ja)
Creme fraiche 2 EL / 30g. (wenig)

Kochanleitung:
Tomaten in wenig Wasser kochen, beim Abgießen den Saft auffangen und die Tomaten in Stücke schneiden . Zucchini und Karotte grob raspeln. Olivenöl in einem beschichteten Topf erhitzen und Schalotten darin sehr weich dünsten. Tomaten zugeben, mit Oregano, Salz und Pfeffer würzen und zu einer dicken Soße einköcheln lassen. Reichlich Salzwasser zum Kochen bringen und die Nudeln darin bissfest kochen. In der Zwischenzeit das Olivenöl in einer beschichteten Pfanne erhitzen, die Karottenraspel darin unter Rühren anbraten und leicht salzen. Zucchiniraspel zugeben und ebenfalls unter Rühren kurz anbraten. Das Gemüse soll noch Biss haben. Nudeln abgießen, abtropfen lassen, mit Crème fraîche vermischen und abschmecken mit Salz und Pfeffer. Mit der Tomatensoße garnieren.

3.11 Geröstete Nüsse

Löst Steine, stärkt Milz und Magen, hilft bei Depressionen.

Anzahl Portionen: 2
Kalorien p. Portion 973
Gramm p. Portion 150
Kochdauer ca. 5 Min.
Allergene: H
(Kohlehydrat:17% / Eiweiß & Fett:83%)
100g.≈ Eiweiß 22,6g. Fett:85,5g.
µg. - Ph:97,58 Na:1,75 Ka:142,42 Mg:45 Ca:29,42 Fe:0,87 Zn:0,78 Col.:0 Hsr.:5,83

Zutaten:
Haselnüsse 100 g. / 100g. (ja)
Cashewnüsse 100 g. / 100g. (ja)
Walnüsse 100 g. / 100g. (empfehlenswert)

Kochanleitung:
Nüsse in einer Pfanne ca. 5 Min. rösten.

3.12 Gewürzkuchen mit Datteln

Beruhigt Nerven und Magen, fördert Durchblutung. Gut bei
Appetitlosigkeit, Fettsucht, Gicht, Rheuma, Sodbrennen.

Anzahl Portionen: 4
Kalorien p. Portion 808
Gramm p. Portion 232,5
Kochdauer ca. 1 1/2 Stunden
Allergene: ACGO
(Kohlehydrat:71% / Eiweiß & Fett:29%)
100g.≈ Eiweiß 14,11g. Fett:32,91g.
µg. - Ph:38,49 Na:13,51 Ka:54,99 Mg:9,73 Ca:10,38 Fe:0,48 Zn:0,07 Col.:4,87 Hsr.:12,86

Zutaten:
Sonnenblumenöl 100 ml. / 100g. (ja)
Zucker (weiß, aus Rüben) 200 g / 200g. (wenig)
Kuhmilch (Vollmilch 3,5 % Fett) 100 ml. / 100g. (wenig)
Weizen Mehl 250 g. / 250g. (ja)
Kakao 40 g. / 40g. (ja)
Datteln getrocknet 50 g. / 50g. (ja)
Huhn Ei 3 Stück / 180g. (wenig)
Nelke 1/2 TL / 1g. (ja)
Zimtpulver 1 1/2 tl / 3g. (ja)
Muskatnuss 1 Prise / 0,5g. (ja)
Backpulver 1/2 Packung / 1,5g. (ja)
Butter Bio 1 TL / 2g. (wenig)
Weizen Mehl 1 TL / 2g. (ja)

Kochanleitung:
Die Eier trennen, Eiweiß steif schlagen und beiseite stellen. Öl, Zucker und Eigelb in eine Schüssel geben und schaumig rühren. Mehl, Kakao und Backpulver zufügen, durchrühren und die Milch nach und nach unterrühren. Nun die kleingehackten Datteln und die Gewürze (die Nelken gemahlen) zur Masse geben und auf kleinster Stufe mit dem Handrührgerät einrühren. Jetzt das steif geschlagene Eiweiß löffelweise vorsichtig mit einem Löffel unterheben und den Teig in eine gefettete, bemehlte Form füllen und 70 Min. bei 200 Grad backen.

3.13 Grießklößchen mit Mascarpone und Erdbeersoße

Lindert Schmerzen und Entzündungen, leicht abführend, schont die Verdauungsorgane, entgiftet, wirkt bei Appetitlosigkeit, Blähungen, Darmentzündung, Fettsucht, Gicht, Magengeschwür, Magenkrämpfen, Rheuma, Sodbrennen und Zwölffingerdarmgeschwüren.

Anzahl Portionen: 3
Kalorien p. Portion 331
Gramm p. Portion 355
Kochdauer ca. 25 Min.
Allergene: AG
(Kohlehydrat:62% / Eiweiß & Fett:38%)
100g.≈ Eiweiß 9,72g. Fett:14,94g.
µg. - Ph:7,34 Na:2,6 Ka:15,7 Mg:1,52 Ca:7,48 Fe:0,08 Zn:0,03 Col.:0,51 Hsr.:2,62

Zutaten:
Kuhmilch (1,5 % Fett) 400 ml / 400g. (ja)
Weizen Gries 70g / 70g. (ja)
Zimtpulver 1 Prise / 0,5g. (ja)
Zitrone Schale 1 Prise / 1g. (ja)
Honig 1 TL / 3g. (ja)
Vanilleschote 1 Prise / 0,5g. (ja)
Mascarpone 80 g. / 80g. ()
Erdbeere 500 g. / 500g. (ja)
Honig 1 EL / 10g. (ja)

Kochanleitung:
Die Milch in einem kleinen Topf unter Rühren zum Kochen bringen. Grieß, Zimt und Zitronenschale einrühren und unter Rühren in 6 Min. einen dicken, festen Brei kochen. Grießbrei, Honig, Vanille und Mascarpone mit dem Handmixer zu einer glatten Masse verrühren. Die Masse im Kühlschrank erkalten lassen. Für die Soße Erdbeeren mit Honig mixen. Ein paar Löffel Fruchtsoße auf einem großen Teller verteilen. Mit 2 Esslöffeln Klößchen aus der Grießmasse abstechen (um

das Ankleben zu verhindern, immer wieder in kaltem Wasser abspülen).
Die Klößchen auf den Fruchtspiegel setzen. Besonders schön sieht es
aus, wenn das Dessert noch mit ein paar Beeren und Kräuterblättchen
(z.B. Zitronenmelisse) garniert wird.

3.14 Grießsuppe mit Gemüse

Senkt Blutdruck, stärkt Immunsystem, beugt Krebs vor, stärkt Magen,
löst Stagnation, fördert Gewichtsabnahme. Gut bei Abwehrschwäche,
Appetitlosigkeit, Blähungen, Bluthochdruck, Depressionen, Diabetes,
Durchfall, Rheuma, Sodbrennen, Zwölffingerdarmgeschwür

Anzahl Portionen: 3
Kalorien p. Portion   106
Gramm p. Portion   237,7
Kochdauer ca.   20 Min.
Allergene: AGL
(Kohlehydrat:85,32% / Eiweiß & Fett:14,68%)
100g.≈ Eiweiß 2,38g. Fett:4,25g.
µg. - Ph:8,65 Na:9,11 Ka:25,61 Mg:28,49 Ca:112,45 Fe:0,33 Zn:0,03 Col.:0 Hsr.:5,1

Zutaten:
Grundrezept für eine Gemüsebrühe nahrhaft 1/2 Liter / 500g. (ja)
Weizen Gries 2 EL / 20g. (ja)
Liebstöckel 1/2 TL / 2g. (ja)
Basilikum (frisch) 1/2 TL / 1g. (ja)
Muskatnuss 1 Prise / 0,1g. (ja)
Karotte (Mohrrübe, Möhre) 100 g. / 100g. (ja)
Sellerie Knolle 50 g. / 50g. (ja)
Sahne, süß 30% 3 EL / 30g. (wenig)
Petersilie 1 EL / 10g. (ja)

Kochanleitung:
Grieß ohne Fett in einer Pfanne anrösten. Kleingeschnittene Karotten
und Sellerie kurz mitrösten. Mit der Gemüsesuppe aufgießen, mit
Liebstöckel und Muskatnuss würzen und 10 Min. köcheln lassen. Vor
dem Servieren die Sahne einrühren und mit Petersilie garnieren.

3.15 Grundrezept für eine nahrhafte Gemüsebrühe

Senkt Blutdruck und Blutfett, bakterizid, stärkt Immunsystem, beugt Krebs vor, stärkt Magen, löst Stagnation, fördert Gewichtsabnahme, hilft bei Appetitlosigkeit, Blähungen, Bluthochdruck, Depressionen, Diabetes, Durchfall.

Anzahl Portionen: 5
Kalorien p. Portion 48
Gramm p. Portion 240,6
Kochdauer ca. 2-3 Stunden
Allergene: L
(Kohlehydrat:71,3% / Eiweiß & Fett:28,7%)
100g.≈ Eiweiß 1,57g. Fett:1,31g.
µg. - Ph:4,86 Na:3,67 Ka:25,68 Mg:1,8 Ca:6,32 Fe:0,1 Zn:0,01 Col.:0 Hsr.:2,78

Zutaten:
Olivenöl 1 EL / 4g. (ja)
Zwiebel weiss 1 Stück / 60g. (ja)
Karotte (Mohrrübe, Möhre) 3 Stück / 200g. (ja)
Pastinake 150 g. / 150g. (ja)
Sellerie Knolle 1 Tasse / 100g. (ja)
Ingwer frisch 1/2 TL / 2g. (ja)
Zitrone 1/2 Stück / 25g. (ja)
Wacholderbeere 6 Stück / 6g. (ja)
Thymian getrocknet 1 Prise / 1g. (ja)
Liebstöckel 1 EL / 3g. (ja)
Lorbeerblatt 2 Blätter / 1g. (ja)
Salz 1 Prise / 1g. (wenig)
Wasser 3/4 Liter / 650g. (ja)

Kochanleitung:
Gemüse würfelig schneiden. Öl in einem Topf erhitzen, die Zwiebel und das Gemüse darin anbraten, Ingwer und Lorbeer zugeben. Mit kaltem Wasser aufgießen, Zitronensaft zufügen und mit Wacholder, Thymian und Liebstöckel würzen. 2-3 Std. auf kleiner Stufe zugedeckt köcheln lassen. Brühe durch ein Sieb streichen und im Kühlschrank aufbewahren. Sie dient als Suppengrundlage und verfeinert Gemüse, Hülsenfrüchte oder Getreide.

3.16 Grundrezept für eine Reissuppe (Congee)

Niedriger Fettgehalt, zur Entwässerung des Körpers bei Übergewicht und Bluthochdruck.

Anzahl Portionen: 3
Kalorien p. Portion 140
Gramm p. Portion 273,33
Kochdauer ca. 2-4 Stunden
(Kohlehydrat:89,71% / Eiweiß & Fett:10,29%)
100g.≈ Eiweiß 2,96g. Fett:0,48g.
µg. - Ph:5,85 Na:0,58 Ka:5,02 Mg:3,41 Ca:1,72 Fe:0,03 Zn:0,02 Col.:0 Hsr.:6,34

Zutaten:
Reis Sorte beliebig 1 Tasse / 120g. (ja)
Wasser 6 Tassen / 700g. (ja)

Kochanleitung:
Man kocht Reis und Wasser in einem Verhältnis von etwa 1:6. Die Menge des Wassers bestimmt die Dicke des Breis (reine Geschmackssache). Der Reis quillt unwahrscheinlich auf, nehmen Sie also nicht viel. Geben Sie den Reis in einen Topf mit einem schweren Deckel. Wichtig ist, den Reis nach kurzem Aufkochen nur auf kleinster Stufe köcheln zu lassen, da er sonst anbrennt. Kochen Sie den Reis 2-4 Stunden. Je länger er kocht, desto stärkender wirkt er. Wenn Sie das Gericht zum Frühstück essen möchten, können Sie den Reis auch kurz vor dem Zubettgehen aufsetzen. Sicherheitshalber sollten Sie vorher einmal unter Beobachtung für eine ähnlich lange Zeit das Verhalten Ihres Topfes und Herdes prüfen, damit nichts anbrennt.

3.17 Gurkensuppe

Kühlt und befeuchtet, harntreibend, entgiftend, unterdrückt Umwandlung von Zucker in Fett, senkt Cholesterinspiegel, beugt Krebs vor, fördert Verdauung, schweißtreibend, reduziert Wind, gegen Hefepilzinfektionen.

Anzahl Portionen: 4
Kalorien p. Portion 96
Gramm p. Portion 235,38
Kochdauer ca. 20 min.
Allergene: M
(Kohlehydrat:22,18% / Eiweiß & Fett:77,82%)
100g.≈ Eiweiß 0,92g. Fett:9,03g.
µg. - Ph:2,67 Na:1,28 Ka:15,59 Mg:1,17 Ca:2,57 Fe:0,06 Zn:0,01 Col.:0 Hsr.:0,85

Zutaten:
Olivenöl 2 EL / 35g. (ja)
Gurke 2 Stück / 400g. (ja)
Wasser 1/2 Liter / 500g. (ja)
Salbei 3 Blätter / 3g. (ja)
Senf 1/2 TL / 0,5g. (ja)
Koriander 1 Prise / 1g. (ja)
Kardamom 1 Prise / 1g. (ja)
Salz 1 Prise / 1g. (wenig)

Kochanleitung:
Öl erhitzen und die klein geschnittenen Gurken kurz darin anbraten.
Senfkörner, Koriander, Kardamom und Salz dazugeben
und kurz mitbraten. Mit dem Wasser übergießen und 10-15 Min.
köcheln lassen. Pürieren und mit frisch gehacktem Salbei garnieren.

3.18 Haferflocken mit aromatischen Gewürzen

Stoppt Durchfall, fördert Verdauung, Appetit anregend, harmonisiert
Magen, lindert Durchfall, stärkt Abwehrkraft, wirkt entgiftend und
stimuliert das Immunsystem. Alginsäure kann zur Entgiftung des
Darmes beitragen.
Anzahl Portionen: 3
Kalorien p. Portion 281
Gramm p. Portion 208
Kochdauer ca. 25 min.
Allergene: AH
(Kohlehydrat:69,06% / Eiweiß & Fett:30,94%)
100g.≈ Eiweiß 6,74g. Fett:10,73g.
µg. - Ph:33,91 Na:2,34 Ka:51,76 Mg:12,79 Ca:8,03 Fe:0,44 Zn:0,11 Col.:0 Hsr.:12,35

Zutaten:
Hafer Flocken (Vollkorn) 1 Tasse / 125g. (ja)
Walnüsse 1 EL / 15g. (empfehlenswert)
Haselnüsse 1 EL / 15g. (ja)
Wasser 2 Tassen / 240g. (ja)
Wakame 2 cm. / 2g. (ja)
Apfel (süß) 1 Stück / 220g. (ja)
Kardamom 3-4 Kapseln / 2g. (ja)
Zitronenmelisse (frisch) 3-4 Blätter / 3g. (ja)
Acerola Fruchtnektar oder Pulver 1 TL / 2g. (ja)

Kochanleitung:
Haferflocken und Nüsse rösten und mit heißem Wasser aufgießen.
Kardamom und Wakame 20 Min. darin kochen. Geriebenen Apfel,
Acerola und Zitronenmelisse zugeben.

3.19 Heilbutt mit Tomaten-Knoblauch-Soße

Fördert Verdauung, hilft Fett zu verdauen, harntreibend, senkt
Blutdruck, liefert wertvolle Omega-3 Fettsäuren. Gut
bei Rheuma, Blähungen, Blasenschwäche, Blutarmut, Bluthochdruck,
Depressionen, Diabetes, Durchfall.

Anzahl Portionen: 5
Kalorien p. Portion 319
Gramm p. Portion 297,6
Kochdauer ca. 45 Min.
Allergene: D
(Kohlehydrat:35,73% / Eiweiß & Fett:64,27%)
100g.≈ Eiweiß 34,97g. Fett:9,44g.
µg. - Ph:24,12 Na:43,88 Ka:35,39 Mg:5,15 Ca:4,4 Fe:0,11 Zn:0,01 Col.:0,82 Hsr.:23,91

Zutaten:
Reis Sorte beliebig 1 Tasse / 120g. (ja)
Wasser 6 Tassen / 240g. (ja)
Salz 1 Prise / 1g. (wenig)
Heilbutt 1 Kg / 800g. (empfehlenswert)
Salz 1 Prise / 1g. (wenig)
Pfeffer gemahlen 1 Prise / 0,5g. ()
Zitrone Saft 1 Spritzer / 2g. (ja)
Lorbeerblatt 2 Stück / 2g. (ja)
Zitrone 1 Stück / 30g. (ja)
Knoblauch 8 Stück / 10g. (ja)
Thymian getrocknet 1 EL / 5g. (ja)
Oliven 75 g. / 75g. (ja)
Tomate 4 Stück / 200g. (ja)
Salz 1 Prise / 1g. (wenig)
Pfeffer gemahlen 1 Prise / 0,5g. ()

Kochanleitung:
Reis im Salzwasser gar kochen. Den Fisch unter fließend kaltem
Wasser abspülen, mit Küchenkrepp abtupfen und mit Salz, Pfeffer und
Zitronensaft einreiben. Die Fischfilets in eine Auflaufform legen und mit
Stücken der Lorbeerblätter belegen Die Zitrone heiß abwaschen und in
Spalten schneiden, den Knoblauch schälen und halbieren. Die Oliven
darauf verteilen und mit Thymian bestreuen. Die Tomaten mit heißem
Wasser überbrühen, häuten und grob würfeln. Alle Zutaten mischen,

mit Salz und Pfeffer würzen und um den Fisch herum verteilen. Alles bei 200 Grad (Umluft 180, Gas Stufe 3) ca. 20 Min. garen. Mit dem Reis anrichten. Zu diesem wohlschmeckenden Fischgericht passt ein gemischter Salat.

3.20 Joghurt mit Honig und Nüssen

Lindert Schmerzen, entgiftet, bakterizid, fördert Wundheilung. Gut bei akuter oder chronischer Verstopfung des Darmes. Löst Steine.
Anzahl Portionen: 1
Kalorien p. Portion 258
Gramm p. Portion 167
Kochdauer ca. 5 Min.
Allergene: GH
(Kohlehydrat:61% / Eiweiß & Fett:39%)
100g.≈ Eiweiß 6,79g. Fett:12,43g.
µg. - Ph:107,54 Na:38,83 Ka:167,29 Mg:19,4 Ca:104,46 Fe:0,49 Zn:0,54 Col.:10,48 Hsr.:2,16

Zutaten:
Joghurt (natur, 3,5 % Fett) 125 g. / 125g. (wenig)
Honig 2 EL / 30g. (ja)
Walnüsse 1 EL / 12g. (empfehlenswert)

Kochanleitung:
Joghurt mit Honig und feingehackten Nüssen mischen.

3.21 Kopfsalat mit Essigdressing

Lindert Müdigkeit, verbessert Magen-Darm-Funktion, löst Stagnation, befeuchtet, führt ab, antiparasitär, stillt Blutungen, fördert Durchblutung, entgiftet, lindert Entzündungen, lindert Schmerzen.
Anzahl Portionen: 2
Kalorien p. Portion 68
Gramm p. Portion 127,8
Kochdauer ca. 10 Min.
Allergene: O
(Kohlehydrat:31,55% / Eiweiß & Fett:68,45%)
100g.≈ Eiweiß 1,65g. Fett:4,89g.
µg. - Ph:16,11 Na:5,11 Ka:99,19 Mg:5,79 Ca:17,69 Fe:0,44 Zn:0,09 Col.:0 Hsr.:9,98

Zutaten:
Kopfsalat 1 Stück / 200g. (ja)
Essig (Apfelessig) 1 EL / 10g. (ja)
Wasser 1 EL / 10g. (ja)
Rapsöl 1 EL / 10g. (empfehlenswert)
Zwiebel Frühlingszwiebel 1 Stück / 20g. (ja)
Salz 1 Prise / 0,5g. (wenig)
Pfeffer gemahlen 1 Prise / 0,1g. ()
Lauchzwiebel Schnittlauch 1 EL / 5g. (ja)

Kochanleitung:
Kopfsalat putzen, waschen und abtropfen lassen. Zutaten zur Marinade in einem Gefäß vermengen und den Salat damit kurz vor dem Verzehr anmachen und mit Schnittlauch bestreut servieren.

3.22 Kürbis-Joghurt-Suppe

Befeuchtet, entspannt, senkt Blutdruck, stärkt Immunsystem, fördert Gewichtsabnahme. Gut bei Abwehrschwäche, Appetitlosigkeit.
Anzahl Portionen: 4
Kalorien p. Portion 68
Gramm p. Portion 239
Kochdauer ca. 15 Min.
Allergene: GL
(Kohlehydrat:82,83% / Eiweiß & Fett:17,17%)
100g.≈ Eiweiß 2,37g. Fett:1,31g.
µg. - Ph:7,17 Na:3,58 Ka:26,41 Mg:11,21 Ca:43,83 Fe:0,07 Zn:0,01 Col.:0,05 Hsr.:1,4

Zutaten:
Grundrezept für eine Gemüsebrühe nahrhaft 300 ml. / 300g. (ja)
Hokkaidokürbis 500 g. / 500g. (ja)
Ingwer frisch 1/2 TL / 2g. (ja)
Fenchelsamen gemahlen 1/2 TL / 1g. (ja)
Anis (gemeiner Fenchel) 1/4 TL / 1g. (ja)
Joghurt (natur, 1,5 % Fett) 150 g. / 150g. (ja)
Pfefferminze 2 Blätter / 1g. (ja)
Salz 1 Prise / 1g. (wenig)

Kochanleitung:
Gemüsebrühe (nach Grundrezept) zum Kochen bringen. Gewürfelten Kürbis, kleingehackten Ingwer, zerstoßene Fenchelsamen und Anis dazugeben und Suppe zugedeckt ca. 12 Min. köcheln lassen, bis der Kürbis weich ist und dann vom Herd nehmen. Mit dem Mixstab die Suppe mit dem Joghurt fein pürieren und mit feingehackter Minze bestreut servieren.

3.23 Lachs auf Tomaten-Spinat

Nährt und stärkt Blut, fördert Ausscheidung, fördert Durchblutung, stärkt Magen-Darm-Funktion, lindert Entzündungen, regeneriert Haut, harntreibend, senkt Cholesterinspiegel, fördert Schwitzen, löst Stagnation.

Anzahl Portionen: 6
Kalorien p. Portion 365
Gramm p. Portion 354,58
Kochdauer ca. 1 Stunde
Allergene: D
(Kohlehydrat:27,24% / Eiweiß & Fett:72,76%)
100g.≈ Eiweiß 29,54g. Fett:29,9g.
µg. - Ph:19,28 Na:7,43 Ka:53,46 Mg:5,01 Ca:8,25 Fe:0,27 Zn:0,01 Col.:0,28 Hsr.:12,16

Zutaten:
Kartoffel 500 g. / 500g. (ja)
Salz 1 Prise / 1g. (wenig)
Lachs 600 g. / 600g. (empfehlenswert)
Rapsöl 2 TL / 24g. (empfehlenswert)
Tomate 100 g. / 100g. (ja)
Spinat 700 g. / 700g. (ja)
Salz 1 Prise / 1g. (wenig)
Pinienkerne 4 EL / 40g. (ja)
Lauch (Porree) 120 g. / 120g. (ja)
Olivenöl 4 EL / 40g. (ja)
Salz 1 Prise / 1g. (wenig)
Pfeffer weiss (gemahlen) 1 Prise / 0,5g. (ja)

Kochanleitung:
Kartoffeln schälen, würfelig schneiden und in Salzwasser gar kochen. Den Lachs in Portionen schneiden und in einer Pfanne von beiden Seiten, leicht mit Salz und Pfeffer gewürzt langsam und gleichmäßig braten, später die Pinienkerne dazugeben und leicht anrösten. Spinat in Salzwasser blanchieren, den klein geschnittenen Lauch mit etwas Rapsöl leicht anschwitzen, den blanchierten Spinat dazugeben und gleichmäßig erwärmen. Kurz vor dem Anrichten die halbierten Cocktailtomaten zum Spinat geben und das Gemüse gut mit Salz und Pfeffer abschmecken. Das Spinat-Lauch-Tomaten-Bett mit den Kartoffeln anrichten, den Lachs dazugeben und die gesalzenen Pinienkerne darauf streuen. Das Gericht mit wenig Olivenöl beträufeln und servieren.

3.24 Lasagne mit Tofucreme

Harmonisiert Milz und Magen, lindert Blähungen, schont die Verdauungsorgane, wirkt bei Appetitlosigkeit, Darmentzündung, Magengeschwür, Rheuma, Sodbrennen, Zwölffingerdarmgeschwür.

Anzahl Portionen: 4
Kalorien p. Portion 301
Gramm p. Portion 231
Kochdauer ca. 45 Min.
Allergene: ACEG
(Kohlehydrat:49,88% / Eiweiß & Fett:50,12%)
100g.≈ Eiweiß 19,3g. Fett:11,86g.
µg. - Ph:35,07 Na:14,02 Ka:27,57 Mg:16,2 Ca:29,05 Fe:0,36 Zn:0,05 Col.:3,83 Hsr.:15,29

Zutaten:
Soja Tofu 400 g. / 400g. (ja)
Huhn Ei 2 Stück / 100g. (wenig)
Zwiebel weiss 2 Stück / 120g. (ja)
Tomate 100 g. / 100g. (ja)
Oregano getrocknet 1 Prise / 1g. (ja)
Majoran 1 Prise / 1g. (ja)
Paprika (Rosenpaprikapulver) 1 Prise / 1g. (ja)
Salz 1 Prise / 1g. (wenig)
Nudeln (Weizen, Lasagneblätter) mit Ei 150 g. / 150g. (wenig)
Edamer 50 g. / 50g. (wenig)

Kochanleitung:
Tofucreme: Tofu mit Eiern, Zwiebeln, kleinen Tomaten, Oregano, Majoran, Paprika und etwas Jodsalz mit einer Küchenmaschine mit Messereinsatz oder einem Pürierstab zu einer glatten Masse verarbeiten. Lasagne: In eine Auflaufform
(ca. 25 x 15 cm) 1/5 der Tofucreme geben, mit 3 Lasagneblätter abdecken, diesen Vorgang noch 2 x wiederholen und abschließend das letzte Fünftel der Tofucreme über die Teigplatten streichen. Mit etwas geriebenem Edamer bestreuen und im Backofen bei 175 Grad ca. 30 Min. backen.

3.25 Marinierter Kabeljau auf Kürbispüree

Lindert Entzündungen, verbessert Verdauung, stärkt Milz, Lunge, Magen und Nieren, harntreibend, reduziert Blutzucker, löst Stagnation. Gut bei Verstopfung und Blähungen.

Anzahl Portionen: 4
Kalorien p. Portion 202
Gramm p. Portion 288,65
Kochdauer ca. 2 Stunden
Allergene: DG
(Kohlehydrat:49,4% / Eiweiß & Fett:50,6%)
100g.≈ Eiweiß 17,24g. Fett:5,13g.
µg. - Ph:21,61 Na:8,06 Ka:68,86 Mg:5,61 Ca:8,42 Fe:0,1 Zn:0,02 Col.:1,02 Hsr.:10,18

Zutaten:

Kartoffel 6 Stück / 400g. (ja)
Kürbis 200 g / 200g. (ja)
Zwiebel weiss 1 Stück / 50g. (ja)
Oregano getrocknet 1/2 TL / 1g. (ja)
Zitrone Saft 1/2 Stück / 15g. (ja)
Salz 1 Prise / 1g. (wenig)
Pfeffer gemahlen 1 Prise / 0,3g. ()
Creme fraiche 2 EL / 30g. (wenig)
Joghurt (natur, 1,5 % Fett) 150 g. / 150g. (ja)
Oregano getrocknet 1/4 TL / 1g. (ja)
Basilikum (frisch) 1/2 TL / 2g. (ja)
Kabeljau 300 g. / 300g. (empfehlenswert)
Salz 1 Prise / 1g. (wenig)
Pfeffer gemahlen 1 Prise / 0,3g. ()
Olivenöl 1 TL / 3g. (ja)

Kochanleitung:

Joghurt mit Oregano, Basilikum und Thymian vermischen. Fischfilets abwaschen, trockentupfen, in eine flache Form legen und mit der Marinade übergießen. 2 Std. im Kühlschrank durchziehen lassen. Kartoffeln in Salzwasser weich kochen und schälen. Gewürfelte Zwiebel in Öl glasig dünsten, den kleingewürfelten Kürbis zugeben und ca. 10 Min. braten. Oregano, Zitronensaft, Salz, Pfeffer und die Crème fraîche dazugeben und mit dem Mixstab pürieren. Fischfilets aus der Marinade nehmen, abtropfen lassen, trockentupfen und salzen. Eine beschichtete Grillpfanne mit 2 TL Öl bestreichen und die Fischfilets auf beiden Seiten je 3-4 Min. braten und mit den Kartoffeln auf dem Kürbispüree anrichten.

3.26 Nudeln mit Putenfleisch und Ananas

Bakterizid, löst Gallen-, Nieren- und Blasensteine, liefert Vitamin C, stärkt Blut, baut Milz und Magen auf, stärkt Knochenmark, lindert Entzündungen, harntreibend.

Anzahl Portionen: 4
Kalorien p. Portion 292
Gramm p. Portion 333,12
Kochdauer ca. 45 Min.
Allergene: ACGL
(Kohlehydrat:53,34% / Eiweiß & Fett:46,66%)
100g.≈ Eiweiß 17,59g. Fett:11,45g.
µg. - Ph:22,17 Na:12,05 Ka:50,8 Mg:7,11 Ca:16,79 Fe:0,18 Zn:0,05 Col.:0,98 Hsr.:12,27

Zutaten:
Nudeln (Vollkorn) mit Ei 200 g / 200g. (wenig)
Ananas 200 g / 200g. (ja)
Wasser 100 ml. / 50g. (ja)
Pute Brustfleisch 200 g / 200g. (ja)
Rapsöl 1 EL / 12g. (empfehlenswert)
Knoblauch 1 Stück / 2g. (ja)
Grundrezept für eine Gemüsebrühe nahrhaft 100 ml. / 100g. (ja)
Kuhmilch (Vollmilch 3,5 % Fett) 180 ml. / 180g. (wenig)
Frischkäse 75 g. / 75g. (wenig)
Curry 3 tl / 6g. (ja)
Salz 1 Prise / 1g. (wenig)
Pfeffer gemahlen 1 Prise / 0,5g. ()
Granatapfel 1 Stück / 300g. (ja)
Kokosflocken 1 EL / 6g. (ja)

Kochanleitung:
Die Nudeln in Salzwasser gar kochen. Die Ananas würfelig schneiden und 5 Min. in Wasser köcheln. Das in Streifen geschnittene Fleisch in Öl anbraten, den gehackten Knoblauch und die in Stücke geschnittene Ananas zufügen, etwa 50 ml vom Ananassaft zugeben und die Gemüsebrühe einrühren. Die Milch und den Frischkäse einrühren, bis er sich vollständig aufgelöst hat. Nun den Curry dazugeben und ein paar Minuten köcheln lassen, bis eine cremige Konsistenz erreicht ist. Mit Salz und Pfeffer abschmecken. Jetzt die Nudeln in die fertige Soße geben. Den Granatapfel aufschneiden und die Kerne auslösen. Beliebig viele Kerne auf den angerichteten Nudeln verteilen. Wer mag, kann Kokosraspeln darüber streuen.

3.27 Orientalische Reispfanne

Stärkt Magen, Nieren und Blase, löst Stagnation, fördert Gewichtsabnahme, hilft Fett zu verdauen und liefert zahlreiche Vitamine, Mineralstoffe sowie sekundäre Pflanzenwirkstoffe.

Anzahl Portionen: 6
Kalorien p. Portion 303
Gramm p. Portion 271,83
Kochdauer ca. 30 Min.
Allergene: EL
(Kohlehydrat:81,36% / Eiweiß & Fett:18,64%)
100g.≈ Eiweiß 9,51g. Fett:5,44g.
µg. - Ph:14,12 Na:4,25 Ka:29,82 Mg:11,83 Ca:25,45 Fe:0,16 Zn:0,01 Col.:0 Hsr.:12,22

Zutaten:
Reis Vollkorn 180 g. / 180g. (ja)
Grundrezept für eine Gemüsebrühe nahrhaft 600 ml. / 500g. (ja)
Curry 1/2 TL / 2g. (ja)
Zwiebel Frühlingszwiebel 4 Stück / 80g. (ja)
Rapsöl 2 EL / 20g. (empfehlenswert)
Paprika 120 g. / 120g. (ja)
Mais 80 g. / 80g. (ja)
Shiitake, getrocknet 20 g. / 80g. (ja)
Bambussprossen 80 g. / 80g. (ja)
Erbsen 80 g. / 80g. (ja)
Pfirsich 60 g. / 60g. (ja)
Ananas 60 g. / 60g. (ja)
Tomate 200 g / 200g. (ja)
Liebstöckel 1 TL / 2g. (ja)
Basilikum (frisch) 1 TL / 2g. (ja)
Petersilie 1 TL / 2g. (ja)
Zitronenmelisse (frisch) 1 TL / 2g. (ja)
Pfeffer gemahlen 1 Prise / 1g. ()

Kochanleitung:
Die Pilze 20 Min. in Wasser einweichen. Den Reis in der Gemüsebrühe 15 Min. kochen und mit etwas Curry würzen .Die Zwiebel schälen und in kleine Würfel schneiden. Öl in einer Pfanne erhitzen, die Zwiebelwürfel darin andünsten .Paprika waschen, halbieren, Kerngehäuse entfernen, in Würfel schneiden und zufügen. Mais, Pilze und Bambussprossen dazu geben und in 5 Min. bissfest garen. Sojasprossen, Erbsen, Pfirsich- und Ananaswürfel ebenfalls zugeben und anschließend die geschälten, kleingeschnittenen Tomaten dazugeben. Den gegarten Reis zugeben und mit den Kräutern und Pfeffer abschmecken.

3.28 Provenzalische Nudelpfanne

Fördert Durchblutung, lindert Entzündungen, lindert Schmerzen, stärkt Muskeln, Sehnen und Knochen, harntreibend.

Anzahl Portionen: 2
Kalorien p. Portion 195
Gramm p. Portion 283,5
Kochdauer ca. 45 Min.
Allergene: ACL
(Kohlehydrat:62% / Eiweiß & Fett:38%)
100g.≈ Eiweiß 12,83g. Fett:4,7g.
µg. - Ph:24,21 Na:3,49 Ka:42,72 Mg:11,18 Ca:16,82 Fe:0,37 Zn:0,31 Col.:1,61 Hsr.:24,25

Zutaten:
Nudeln (Vollkorn) mit Ei 200 g / 200g. (wenig)
Aubergine 60 g. / 60g. (ja)
Zucchini 60 g. / 60g. (ja)
Paprika 50 g. / 50g. (ja)
Rind Fleisch 50 g. / 50g. (wenig)
Knoblauch 2 Stück / 4g. (ja)
Rapsöl 5 g. / 5g. (empfehlenswert)
Grundrezept für eine Gemüsebrühe nahrhaft 60 ml. / 60g. (ja)
Tomatensaft 75 ml. / 75g. (ja)
Oregano frisch 1 Prise / 1g. (ja)
Rosmarin 1 Prise / 1g. (ja)
Pfeffer gemahlen 1 Prise / 0,5g. ()
Salz 1 Prise / 0,5g. (wenig)

Kochanleitung:
Nudeln in reichlich Salzwasser bissfest kochen, abschrecken und abtropfen lassen. Gemüse waschen, Aubergine und Zucchini in Würfel schneiden, Paprikaschote entkernen, Rippe entfernen und in ca. 1 cm große Würfel schneiden. Knoblauch, gehacktes Rindfleisch und vorbereitetes Gemüse in erhitztem Öl andünsten, mit Gemüsebrühe und Tomatensaft aufgießen und fertig garen. Teigwaren zur Soße geben und untermengen. Das Ganze erwärmen und mit den Gewürzen und Salz abschmecken.

3.29 Putenbrust mit Gemüse (asiatisch)

Stärkt Blut, baut Milz und Magen auf, stärkt Knochenmark, löst Stagnation, fördert die Verdauung. Reis zur Entwässerung des Körpers bei Übergewicht und Bluthochdruck.

Anzahl Portionen: 2
Kalorien p. Portion 535
Gramm p. Portion 371
Kochdauer ca. 45 Min.
Allergene: AEN
(Kohlehydrat:54% / Eiweiß & Fett:46%)
100g.≈ Eiweiß 31,92g. Fett:18,02g.
µg. - Ph:27,73 Na:66,82 Ka:46,74 Mg:7,57 Ca:3,14 Fe:0,2 Zn:0,21 Col.:4,05 Hsr.:15,18

Zutaten:
Reis Sorte beliebig 1 Tasse / 120g. (ja)
Wasser 6 Tassen / 240g. (ja)
Pute Brustfleisch 200 g / 200g. (ja)
Ingwer frisch 1 cm. / 3g. (ja)
Knoblauch 1 Stück / 2g. (ja)
Sojasauce 2 EL / 20g. (ja)
Weizen Mehl 2 TL / 15g. (ja)
Zwiebel Frühlingszwiebel 2 Stück / 40g. (ja)
Paprika 1/2 Stück / 10g. (ja)
Champignon 8 Stück / 30g. (ja)
Sesamöl 2 EL / 20g. (ja)
Sojasauce 1 EL / 12g. (ja)
Curry 1 Prise / 2g. (ja)
Kurkuma (Gelbwurz) 1 Prise / 2g. (ja)
Chili (Schote oder gemahlen) 1 Prise / 1g. (ja)
Cashewnüsse 2 TL / 25g. (ja)

Kochanleitung:
Reis im Salzwasser gar kochen. Das Putenfleisch in schmale Streifen schneiden. Ingwer und Knoblauch schälen und würfeln und zusammen mit den Fleischstreifen in eine Schüssel geben. 1 EL Sojasoße mit der Weizenstärke vermischen und glattrühren. Danach über das Fleisch geben und alles 30 Min. marinieren. Frühlingszwiebeln und Paprika waschen, putzen und in kleine Stücke schneiden. Die Champignons putzen und vierteln.1 EL des Sesamöls in eine beschichtete Pfanne geben und das marinierte Putenfleisch scharf anbraten und warm stellen. Nun das restliche Öl in die Pfanne geben und das andere Gemüse darin anbraten. Das Fleisch dazugeben und mit Sojasoße und den Gewürzen abschmecken. Mit dem Reis anrichten. Die Cashewkerne vor dem Servieren über das Gericht streuen.

3.30 Rasche Flocken mit Kompott oder Marmelade

Lindert Schmerzen, entgiftet, bakterizid, löst Steine, nährt Knochen und Sehnen, wärmt Nieren und Milz, stärkt Magen, löst Blähungen, kontrolliert übermäßigen Harndrang, hilft bei Verdauungsschwäche.

Anzahl Portionen: 2
Kalorien p. Portion 189
Gramm p. Portion 219
Kochdauer ca. 5 min.
Allergene: H
(Kohlehydrat:64% / Eiweiß & Fett:36%)
100g.≈ Eiweiß 4,12g. Fett:8,82g.
µg. - Ph:2,17 Na:0,24 Ka:3,41 Mg:0,86 Ca:1,28 Fe:0,03 Zn:0,03 Col.:0 Hsr.:0,14

Zutaten:
Quinoa 5–7 EL / 50g. (ja)
Wasser 1/4 Liter / 250g. (ja)
Kompott (Früchte der Saison) 1 Tasse / 100g. (ja)
Walnüsse 1 EL gerieben / 8g. (empfehlenswert)
Olivenöl 1 EL / 10g. (ja)
Honig 2 EL / 20g. (ja)
Vanille 1 Prise / 0,2g. (ja)
Anis (gemeiner Fenchel) 1 Prise / 0,2g. (ja)
Kardamom 1 Prise / 0,2g. (ja)
Chili (Schote oder gemahlen) 1 Prise / 0,1g. (ja)

Kochanleitung:
Quinoa Flocken in eine Pfanne geben und mit Wasser aufgießen. 3-5 Min. aufkochen, vom Feuer nehmen, Nüsse und Kompott dazugeben sowie einen Schuss Öl. Süßen nach Bedarf mit Honig, Vollrohrzucker oder Agavendicksaft. Gewürze und Aromen: Vanille, Anis, Fenchel oder Koriander, Kardamom, wenig Chili. Winter: Apfelkompott, Birnenkompott, Früchtemarmelade. Sommer: Zwetschgenkompott, Aprikosenkompott.

3.31 Reis-Congee mit zerstoßenen Walnüssen

Gut bei: Durchblutungsstörungen, Durchfall, Fieber, Bluthochdruck, Kopfschmerzen. Zur Entwässerung des Körpers bei Übergewicht und Bluthochdruck. Löst Steine. Erwärmt Magen und Milz.

Anzahl Portionen: 2
Kalorien p. Portion 406
Gramm p. Portion 295
Kochdauer ca. 2 Stunden
Allergene: H
(Kohlehydrat:82% / Eiweiß & Fett:18%)
100g.≈ Eiweiß 7,9g. Fett:22,82g.
µg. - Ph:15,8 Na:0,24 Ka:17,23 Mg:68,48 Ca:64,13 Fe:0,14 Zn:0,12 Col.:0 Hsr.:2,22

Zutaten:
Grundrezept für eine Reissuppe (Congee) 4 Tassen / 500g. (ja)
Zucker Ursüße (Zuckerrohr) süß 2-3 EL / 20g. (wenig)
Walnüsse 1 Tasse / 70g. (empfehlenswert)
Zimtpulver 1 Prise / 0,2g. (ja)

Kochanleitung:
Grundrezept für Reissuppe (Congee) kochen. Hinweis: Die Walnüsse können von Anfang an mitgekocht werden. Variante: Nach Belieben mit süßen oder pikanten Zutaten verfeinern. Insbesondere Zimt, Nelken und Ingwer erhöhen die erwärmende Wirkung und die Bekömmlichkeit.

3.32 Rhabarberkuchen mit Streuseln

Führt ab, senkt Fieber, schont die Verdauungsorgane, entgiftet, wirkt bei Appetitlosigkeit, Blähungen, Darmentzündung. Lindert Schmerzen, bakterizid, hilft bei brüchigen Nägeln und Haaren, bei trockener Haut, Akne und Ekzemen.

Anzahl Portionen: 8
Kalorien p. Portion 476
Gramm p. Portion 239,5
Kochdauer ca. 1 1/2 Stunden
Allergene: AG
(Kohlehydrat:71,96% / Eiweiß & Fett:28,04%)
100g.≈ Eiweiß 12,4g. Fett:15,41g.
µg. - Ph:14,75 Na:1,3 Ka:29,73 Mg:3,75 Ca:5,17 Fe:0,2 Zn:0,02 Col.:0,01 Hsr.:12,08

Zutaten:
Weizen Mehl 400 g. / 400g. (ja)
Kuhmilch (Vollmilch 3,5 % Fett) 250 ml. / 200g. (wenig)
Hefe 30 g. / 30g. (ja)

Honig 2 TL / 5g. (ja)
Sonnenblumenöl 2 TL / 5g. (ja)
Zitrone Schale 1 Stück / 3g. (ja)
Salz 1 Prise / 1g. (wenig)
Rhabarber 1 Kg / 800g. (ja)
Margarine 120 g. / 120g. (ja)
Weizen Mehl 300 g. / 300g. (ja)
Vanillezucker natur 2 Prisen / 1g. (ja)
Zimtpulver 2 Prisen / 1g. (ja)
Honig 5 EL / 50g. (ja)

Kochanleitung:
Mehl, abgeriebene Zitronenschale und Salz mischen. Milch leicht
erwärmen und mit Hefe und Honig verrühren. Mehlgemisch und Öl
zugeben und kräftig durchkneten. Den Teig zugedeckt an einem
warmen Ort gehen lassen, bis er die doppelte Menge erreicht hat (ca.
30 Min.). Für die Streusel Mehl mit Vanille und Zimt mischen, danach
Honig und Margarine zufügen und zu einer krümeligen Masse
verarbeiten. Streuselteig noch kühl stellen. Ein Backblech mit
Backpapier auslegen. Den Teig für den Boden noch einmal
durchkneten, ausrollen, auf das Backblech legen und noch einmal 10
Min. gehen lassen. Den Rhabarber waschen, putzen, längs halbieren
und in ca. 3 cm große Stücke schneiden. Die Stücke gleichmäßig auf
dem ausgerollten Teig verteilen und die Streusel über den gesamten
Kuchen krümeln. Den Kuchen in dem auf 175 Grad vorgeheizten
Backofen ca. 40 Min. backen.

3.33 Rindfleisch-Kürbis-Gemüse-Eintopf

Lindert Entzündungen, verbessert Verdauung, reduziert Blutzucker,
stärkt Muskeln, Sehnen und Knochen, hilft Fett
zu verdauen.
Anzahl Portionen: 4
Kalorien p. Portion   368
Gramm p. Portion   403,88
Kochdauer ca.   1 Stunde
Allergene: AL
(Kohlehydrat:47,68% / Eiweiß & Fett:52,32%)
100g.≈ Eiweiß 30,33g. Fett:11,31g.
µg. - Ph:18,15 Na:12,9 Ka:63,49 Mg:6,73 Ca:14,8 Fe:0,3 Zn:0,08 Col.:1 Hsr.:11,31

Zutaten:
Rind Fleisch 350 g. / 350g. (wenig)
Kürbis 350 g. / 350g. (ja)
Lauch (Porree) 150 g. / 150g. (ja)
Kartoffel 350 g. / 350g. (ja)
Tomate 150 g. / 150g. (ja)
Olivenöl 2 EL / 25g. (ja)
Grundrezept für eine Gemüsebrühe nahrhaft 125 g. / 125g. (ja)
Salz 1 Prise / 1g. (wenig)
Pfeffer gemahlen 1 Prise / 0,5g. ()
Paprika (Rosenpaprikapulver) 1 TL / 2g. (ja)
Kümmel gemahlen 1 Prise / 1g. (ja)
Zucker Ursüße (Zuckerrohr) süß 1 Prise / 1g. (wenig)
Petersilie 1/2 Bund / 30g. (ja)
Weißbrot (Weizenbrot) 4 Scheiben / 80g. (ja)

Kochanleitung:
Rindfleisch in Würfel schneiden. Kürbis schälen und würfeln. Lauch in
Ringe schneiden und geschälte Kartoffeln würfeln. Die Tomaten mit
kochendem Wasser überbrühen, Haut abziehen und würfeln. Fleisch in
Olivenöl anbraten und mit Gemüsebrühe auffüllen. Das geputzte
Gemüse dazugeben und mit Salz, Pfeffer, Paprika, Kümmel und
Fruchtzucker abschmecken. 30 Min. bei schwacher Hitze schmoren
.Noch einmal würzen und mit Petersilie bestreut mit Weißbrot servieren.

3.34 Spargelcremesuppe

Harntreibend, fördert Durchblutung, produziert Körpersäfte, beugt Krebs
vor, führt ab, antiparasitär, regt Leberfunktion an. Gut bei
Appetitlosigkeit, Blähungen, Rheuma, Sodbrennen.

Anzahl Portionen: 2
Kalorien p. Portion 240
Gramm p. Portion 409,5
Kochdauer ca. 45 Min.
Allergene: ACG
(Kohlehydrat:21% / Eiweiß & Fett:79%)
100g.≈ Eiweiß 5,2g. Fett:19,85g.
µg. - Ph:9,44 Na:1,5 Ka:15,8 Mg:1,6 Ca:6,23 Fe:0,13 Zn:0,08 Col.:9,84 Hsr.:2,42

Zutaten:
Spargel (grün oder weiß) 200 g / 200g. (ja)
Wasser 1/2 Liter / 500g. (ja)
Rapsöl 3 EL / 30g. (empfehlenswert)
Weizen Mehl 2 EL / 10g. (ja)
Huhn Eigelb 1 Stück / 25g. (wenig)
Kuhmilch (Vollmilch 3,5 % Fett) 1 EL / 15g. (wenig)
Sauerrahm 15% Fett 1 EL / 15g. (wenig)
Pfeffer gemahlen 1 Prise / 0,5g. ()
Muskatnuss 1 Prise / 0,5g. (ja)
Zitrone Saft 1 TL / 2g. (ja)
Petersilie 2 EL / 20g. (ja)
Salz 1 Prise / 1g. (wenig)

Kochanleitung:
Den Spargel waschen und schälen. Wasser, etwas Zitronensaft und
eine Prise Salz zum Kochen bringen. Die Spargelstangen
zusammenbinden. Spargelschalen ins Kochwasser geben und
aufkochen lassen. Den Spargel in die kochende Flüssigkeit geben und
auf kleiner Hitze ca. 20 Min. garen lassen. Danach die Spargelbündel
herausnehmen und den Sud durch ein Sieb gießen. Für die Einbrenne
das Öl in einem Topf erhitzen, das Mehl zugeben und farblos
anschwitzen. Mit dem Spargelsud langsam auffüllen und 10 Min.
köcheln lassen. Die Spargelstangen in ca. 3 cm lange Stücke
schneiden und unter die abgebundene Suppe geben. Kurz vor dem
Servieren die Suppe nochmals aufkochen lassen. Das Eigelb mit Milch
und Sauerrahm verrühren. Den Topf vom Herd nehmen und danach
das Eigelb-Milch-Gemisch unterrühren. Mit Pfeffer und Muskat
abschmecken, mit der gehackten Petersilie dekorieren und sofort
servieren.

3.35 Spargel-Kräuter-Ragout

Harntreibend, fördert Durchblutung, beugt Krebs vor, löst Stagnation,
fördert Gewichtsabnahme, regt Leberfunktion an. Gut bei
Abwehrschwäche, Appetitlosigkeit, Blähungen, Bluthochdruck,
Depressionen, Diabetes, Durchfall.
Anzahl Portionen: 4
Kalorien p. Portion 168
Gramm p. Portion   465,5
Kochdauer ca.   30 Min.
Allergene: GL
(Kohlehydrat:78% / Eiweiß & Fett:22%)
100g.≈ Eiweiß 7,54g. Fett:4,09g.
µg. - Ph:2,55 Na:0,54 Ka:11,94 Mg:2,69 Ca:9,45 Fe:0,06 Zn:0,02 Col.:0 Hsr.:1,09

Zutaten:
Grundrezept für eine Gemüsebrühe nahrhaft 500 ml / 500g. (ja)
Zitrone Schale 1/2 Stück / 3g. (ja)
Koriander 1/4 TL / 1g. (ja)
Muskatnuss 1 Prise / 0,3g. (ja)
Spargel (grün oder weiß) 800 g. / 800g. (ja)
Petersilie 1 Bund / 125g. (ja)
Creme fraîche 2 EL / 30g. (wenig)
Zitrone Saft 1 TL / 3g. (ja)
Kartoffel 400 g. / 400g. (ja)

Kochanleitung:
Kartoffeln in reichlich gesalzenem Wasser ca. 20 Min. weich kochen.
Gemüsebrühe mit Zitronenschale, Koriander und Muskat zum Kochen
bringen. Den geschälten und in Stücke geschnittenen Spargel darin
weich kochen. Spargel in ein Sieb abgießen. Die Flüssigkeit auffangen
und im Mixer mit 200 g (die unteren Enden) des gekochten Spargels
und der Petersilie zu einer glatten Soße mixen. Crème fraîche
einrühren, den Spargel untermischen und nochmals erhitzen. Mit
Zitronensaft, Salz und Pfeffer abschmecken und mit den Kartoffeln
servieren.

3.36 Süßkartoffelpuffer mit Basilikum-Pesto

Stärkt das Immunsystem, baut Fett ab, verbessert die Verdauung,
beruhigt Nerven und Magen, löst Steine, fördert Durchblutung, stärkt
Muskeln, antioxidativ.
Anzahl Portionen: 3
Kalorien p. Portion 625
Gramm p. Portion 298,67
Kochdauer ca. 30 Min.
Allergene: ACH
(Kohlehydrat:58% / Eiweiß & Fett:42%)
100g.≈ Eiweiß 15,5g. Fett:32,67g.
µg. - Ph:14,41 Na:8,52 Ka:39,8 Mg:4,23 Ca:5,79 Fe:0,17 Zn:0,11 Col.:6,88 Hsr.:2,11

Zutaten:
Süßkartoffel 4 Stück / 500g. (ja)
Zwiebel rot 1/2 Stück / 30g. (ja)
Basilikum 1 EL / 10g. (ja)

Huhn Ei 2 Stück / 140g. (wenig)
Dinkel Vollkornmehl 80 g. / 80g. (ja)
Salz 1 Prise / 0,5g. (wenig)
Olivenöl 60 ml. / 20g. (ja)
Salz 1 TL (grobes) / 3g. (wenig)
Basilikum 1 Handvoll / 15g. (ja)
Petersilie 1 Handvoll / 15g. (ja)
Knoblauch 2 Zehen / 3g. (ja)
Walnüsse 60 g. / 60g. (empfehlenswert)
Olivenöl 2 EL / 20g. (ja)

Kochanleitung:
Süßkartoffelpuffer: Die Süßkartoffel gründlich waschen und ungeschält
in eine große Schüssel raspeln. Zwiebel, Basilikum, Ei und Mehl
zugeben, alles gut miteinander vermengen und dann etwas Salz
darüberstreuen. Die Mischung ist locker, lässt sich aber zu Puffern
formen. Im vorgeheizten Ofen auf einem mit Öl bestrichenen Backblech
von beiden Seiten jeweils 4 bis 5 Min. backen. Basilikum-Pesto: Salz,
kleingehackten Basilikum und Petersilie sowie den zerdrückten
Knoblauch in einer kleinen Schüssel mit einem Löffel verreiben (wenn
vorhanden einen Mörser verwenden). Die geriebenen Walnüsse
dazugeben. Unter ständigem Rühren so viel Olivenöl zumengen, bis die
gewünschte Konsistenz erreicht wird.

3.37 Szegediner Fischgulasch

Stärkt Milz, Magen, Nieren und Immunsystem, senkt Blutdruck,
bakterizid. Gut bei Verdauungsstörungen, löst Stagnation.
Anzahl Portionen: 2
Kalorien p. Portion 280
Gramm p. Portion 380,5
Kochdauer ca. 30 Min.
Allergene: ADL
(Kohlehydrat:58% / Eiweiß & Fett:42%)
100g.≈ Eiweiß 25,32g. Fett:3,09g.
µg. - Ph:25,89 Na:22,72 Ka:60,47 Mg:11,78 Ca:30,28 Fe:0,18 Zn:0,12 Col.:4,99 Hsr.:13,6

Zutaten:
Kabeljau 200 g / 200g. (empfehlenswert)
Zitrone 1/4 Stück / 5g. (ja)
Schwein Schinkenspeck 40 g. / 40g. (wenig)
Zwiebel Frühlingszwiebel 2 Stück / 40g. (ja)

Sauerkraut 250 g. / 250g. (ja)
Tomatenmark 2 EL / 20g. (ja)
Grundrezept für eine Gemüsebrühe nahrhaft 150 ml / 150g. (ja)
Salz 1 Prise / 1g. (wenig)
Paprika (Rosenpaprikapulver) 1 Prise / 1g. (ja)
Kümmel gemahlen 1 Prise / 1g. (ja)
Pfeffer gemahlen 1 Prise / 0,5g. ()
Dinkel Vollkornmehl 1 TL / 3g. (ja)
Brot mit Johannisbrotkernmehl 2 Scheiben / 50g. (ja)

Kochanleitung:
Die Fischfilets säubern, mit Zitrone säuern und salzen. Den
Schinkenspeck in einer tiefen, großen Pfanne anrösten, die
feingeschnittenen Zwiebeln dazugeben und kurz mitrösten. Sauerkraut
und das Tomatenmark hinzufügen, mit Gemüsebrühe auffüllen und ca.
10 bis 15 Min. mit geschlossenem Deckel dünsten. Vorbereitete
Fischwürfel auf das Sauerkraut legen, mit Paprika, Kümmel und Pfeffer
würzen und weitere ca. 10 Min. bei kleiner Hitze dünsten. Mit etwas
Mehl oder Stärke binden und mit Brot servieren.

3.38 Tee aus Birkenblättern

Hilft bei Nierenleiden, Wassersucht, Gicht, Nierengrieß, rheumatischen
Beschwerden, bakteriellen und entzündlichen Harnwegserkrankungen.
Ist harntreibend und blutreinigend.
Anzahl Portionen: 4
Kalorien p. Portion 0
Gramm p. Portion 126,25
Kochdauer ca. 10 Min.
(Kohlehydrat:0% / Eiweiß & Fett:0%)
100g.≈ Eiweiß 0g. Fett:0g.
µg. - Ph:0 Na:0,25 Ka:0 Mg:0,25 Ca:1,24 Fe:0 Zn:0,01 Col.:0 Hsr.:0

Zutaten:
Wasser 1/2 Liter / 500g. (ja)

Kochanleitung:
Birkenblätter mit kochendem Wasser übergießen und 10 Min. ziehen
lassen. Täglich 3 Tassen trinken.

3.39 Tee aus Holunderblüten

Harn- und schweißtreibend. Gut bei Halsschmerzen, Erkältungen, Grippe, Harnsteinen, Konzentrationsschwäche, Mitessern, Rheuma, Verstopfung, Wassersucht, Heuschnupfen. Stärkt das Immunsystem.
Anzahl Portionen: 4
Kalorien p. Portion 7
Gramm p. Portion 128
Kochdauer ca. 10 Min.
(Kohlehydrat:0% / Eiweiß & Fett:0%)
100g.≈ Eiweiß 0g. Fett:0g.
µg. - Ph:0 Na:0,24 Ka:0 Mg:0,24 Ca:1,22 Fe:0 Zn:0,01 Col.:0 Hsr.:0

Zutaten:
Holunderblütentee 4 TL / 12g. (empfehlenswert)
Wasser 1/2 Liter / 500g. (ja)

Kochanleitung:
Die Holunderblüten mit kochendem Wasser übergießen und nach 5 Min. abseihen.

3.40 Tee aus Melisse

Beruhigende Wirkung bei: Einschlafstörungen, innerer Unruhe, psychischen Spannungen, Magenbeschwerden, Allergien, Asthma, Migräne und Blähungen. Zur Kräftigung nach Erkältungs- und Infektionskrankheiten. Gut gegen Kopfschmerzen und Rheuma.
Anzahl Portionen: 4
Kalorien p. Portion 0
Gramm p. Portion 126
Kochdauer ca. 10 Min.
(Kohlehydrat:0% / Eiweiß & Fett:0%)
100g.≈ Eiweiß 0g. Fett:0g.
µg. - Ph:0 Na:0,06 Ka:0 Mg:0,06 Ca:0,31 Fe:0 Zn:0,01 Col.:0 Hsr.:0

Zutaten:
Melisse 2 TL / 4g. (ja)
Wasser 1/2 Liter / 500g. (ja)

Kochanleitung:
Wasser zum Kochen bringen und beiseite stellen. Melisse zugeben und 10 Min. ziehen lassen. Nach Geschmack mit Honig süßen.

3.41 Tee aus Rooibos

Antioxidativ, entzündungshemmend, antibakteriell, antiviral, antifungal, entgiftend (basisch), krebshemmend, schützt durch enthaltene Flavonoide, positive Wirkung bei Alzheimer und Arteriosklerose. Antiallergisch, hemmt die Histaminausschüttung.

Anzahl Portionen: 5
Kalorien p. Portion 0
Gramm p. Portion 200,8
Kochdauer ca. 10 Min.
Allergene:
(Kohlehydrat:0% / Eiweiß & Fett:0%)
100g.≈ Eiweiß 0g. Fett:0g.
µg. - Ph:0 Na:0,2 Ka:0 Mg:0,2 Ca:1 Fe:0 Zn:0 Col.:0 Hsr.:0

Zutaten:
Wasser 1 Liter / 1000g. (ja)
Rooibos 3-4 TL

Kochanleitung:
Rooibos mit einem Liter kochenden Wasser überbrühen und 6-10 Min. ziehen lassen. Bei weichem Wasser können Sie weniger Tee für die Zubereitung nehmen, bei härterem Wasser empfehlen wir eine höhere Dosierung.

3.42 Ungarischer Reissalat

Fördert Verdauung, hilft Fett zu verdauen, harntreibend, senkt Blutdruck, stärkt Nieren und Blase, erwärmt den Körper von innen, erweitert die Gefäße, stärkt die Muskeln, reguliert Innenorganfunktionen.

Anzahl Portionen: 2
Kalorien p. Portion 421
Gramm p. Portion 323,75
Kochdauer ca. 25 Min.
Allergene: GM
(Kohlehydrat:54,13% / Eiweiß & Fett:45,87%)
100g.≈ Eiweiß 8,23g. Fett:14,84g.
µg. - Ph:37,91 Na:20,49 Ka:52,31 Mg:11,09 Ca:28,82 Fe:0,24 Zn:0,12 Col.:0,77 Hsr.:9,26

Zutaten:
Reis Vollkorn 1/2 Tasse / 60g. (ja)
Wasser 3 Tassen / 300g. (ja)
Salz 1 Prise / 0,3g. (wenig)
Tomate 100 g. / 100g. (ja)

Paprika 50 g. / 50g. (ja)
Champignon 30 g. / 30g. (ja)
Edamer 30 g. / 30g. (wenig)
Joghurt (natur, 1,5 % Fett) 45 g. / 45g. (ja)
Salz 1 Prise / 1g. (wenig)
Kräuter verschiedene 1 EL / 8g. (ja)
Rapsöl 2 EL / 20g. (empfehlenswert)
Senf 1 TL / 3g. (ja)
Pfeffer gemahlen 1 Prise / 0,2g. ()

Kochanleitung:
Reis in reichlich kochendem Salzwasser körnig weich kochen und
abtropfen lassen. Tomaten und Paprikaschote waschen und entkernen.
Beide klein würfeln. Champignons in Rapsöl kurz anrösten und Käse in
kleine Würfel schneiden und zum Reis geben. Marinade herstellen und
mit den Zutaten vermischen. Kühl stellen und mindestens 1 Std.
durchziehen lassen.

3.43 Vegetarischer Gemüse-Getreide-Kartoffelbrei

Verbessert Verdauung, regeneriert Haut, harntreibend, senkt
Cholesterinspiegel, lindert Verstopfung, produziert Muttermilch.
Anzahl Portionen: 2
Kalorien p. Portion 91
Gramm p. Portion 109
Kochdauer ca. 25 Min.
Allergene: A
(Kohlehydrat:61% / Eiweiß & Fett:39%)
100g.≈ Eiweiß 1,89g. Fett:4,42g.
µg. - Ph:13,11 Na:2,56 Ka:62,42 Mg:5,72 Ca:8,05 Fe:0,26 Zn:0,13 Col.:0 Hsr.:5,15

Zutaten:
Karotte (Frühkarotte) 30 g. / 30g. (ja)
Pastinake 30 g. / 30g. (ja)
Zucchini 30 g. / 30g. (ja)
Fenchel 10 g. / 10g. (ja)
Kartoffel 50 g. / 50g. (ja)
Wasser 20 g. / 20g. (ja)
Hafer Flocken (Vollkorn) 10 g. / 10g. (ja)
Orangensaft 30 g. / 30g. (ja)
Rapsöl 8 g. / 8g. (empfehlenswert)

Kochanleitung:
Das Gemüse und die Kartoffeln waschen, würfeln und in wenig Wasser dünsten. Wasser und Haferflocken zugeben, alles pürieren und schließlich das Öl untermengen. Hinweis: Dieser Brei ersetzt den Gemüse-Kartoffel-Fleisch-Brei, wenn in der Ernährung des Säuglings auf Fleisch verzichtet werden soll. Da Fleisch die beste Nahrungsquelle für Eisen ist, muss bei vegetarischer Ernährung besonders auf eine ausreichende Eisenversorgung geachtet werden.

3.44 Wärmender Haferflockenbrei

Stärkt Abwehrkraft, harntreibend und abführend, liefert Vitamin C, löst Steine, fördert Verdauung, entgiftet, treibt Schweiß, reduziert Blutfett, regt an, löst Stagnation.

Anzahl Portionen: 1
Kalorien p. Portion 357
Gramm p. Portion 214,5
Kochdauer ca. 10 Min.
Allergene: AHO
(Kohlehydrat:72,81% / Eiweiß & Fett:27,19%)
100g.≈ Eiweiß 8,86g. Fett:11,41g.
µg. - Ph:134,8 Na:3,25 Ka:194,19 Mg:50,68 Ca:38,25 Fe:1,57 Zn:1,38 Col.:0 Hsr.:47,55

Zutaten:
Hafer Flocken (Vollkorn) 6 EL / 60g. (ja)
Feige getrocknet 3 Stück / 15g. (ja)
Sternanis 1 Stück / 1g. (ja)
Ingwer frisch 1 Prise / 0,5g. (ja)
Wasser 1 Tasse / 120g. (ja)
Ahornsirup 1 EL / 10g. (ja)
Walnüsse 1 EL gehackte / 8g. (empfehlenswert)

Kochanleitung:
Trockenfrüchte einweichen. Haferflocken trocken anrösten. Trockenfrüchte, Sternanis oder Zimt und etwas geriebenen Ingwer dazugeben und alles mit Wasser zu einem Brei kochen. Mit Ahornsirup süßen. Walnüsse rösten und vor dem Servieren drüberstreuen.
Wirkung: Der Brei eignet sich gut für die kalte Jahreszeit.

3.45 Zucchini-Grieß-Cremesuppe

Gut bei Appetitlosigkeit, Schluckstörungen, Blähungen, Darmentzündung, Rheuma, Sodbrennen. Senkt Blutdruck, fördert Gewichtsabnahme.

Anzahl Portionen: 4
Kalorien p. Portion 146
Gramm p. Portion 341,75
Kochdauer ca. 25 Min.
Allergene: AGL
(Kohlehydrat:78% / Eiweiß & Fett:22%)
100g.≈ Eiweiß 4,02g. Fett:7,8g.
µg. - Ph:1,7 Na:0,83 Ka:9,09 Mg:4,88 Ca:18,35 Fe:0,08 Zn:0,02 Col.:0,22 Hsr.:0,82

Zutaten:
Butter Bio 20 g. / 20g. (wenig)
Weizen Gries 2 EL / 20g. (ja)
Petersilie 1 Bund / 100g. (ja)
Grundrezept für eine Gemüsebrühe nahrhaft 800 ml. / 800g. (ja)
Liebstöckel 1/2 TL / 2g. (ja)
Muskatnuss 1 Prise / 0,5g. (ja)
Anis (gemeiner Fenchel) 1 Prise / 0,5g. (ja)
Zucchini 400 g. / 400g. (ja)
Ingwer frisch 1/2 TL / 1g. (ja)
Creme fraiche 2 EL / 20g. (wenig)
Zitrone Schale 1/4 Stück / 2g. (ja)
Salz 1 Prise / 1g. (wenig)
Pfeffer gemahlen 1 Prise / 0,5g. ()

Kochanleitung:
Butter in einem Topf schmelzen, Grieß hinzufügen und unter Rühren kurz anrösten. Die Hälfte der gehackten Petersilie dazugeben, kurz andünsten, mit Gemüsebrühe (nach Grundrezept) aufgießen, mit gehacktem Liebstöckel, Muskat und Anis
würzen. Suppe ohne Deckel 10 Min. leicht kochen, kleingeschnittene Zucchini und ein kleines Stück Zitronenschale dazugeben und weitere 5 Min. köcheln lassen, bis die Zucchini weich sind. Zitronenschale entfernen und mit dem Mixstab zusammen mit der Crème fraîche und der restlichen Petersilie fein pürieren.

3.46 Zwetschkenkuchen

Entwässert den Körper, regt die Verdauung an, bindet Fette im Darm, lindert Schmerzen, entgiftet, bakterizid, beugt Krebs vor. Gut bei Appetitlosigkeit, Blähungen, Darmentzündung, Fettsucht, Gicht, Magengeschwür, Magenkrampf, Rheuma, Sodbrennen.

Anzahl Portionen: 6
Kalorien p. Portion 503
Gramm p. Portion 307,83
Kochdauer ca. 1 Stunde
Allergene: AG
(Kohlehydrat:71,38% / Eiweiß & Fett:28,62%)
100g.≈ Eiweiß 12,33g. Fett:19,28g.
µg. - Ph:15,91 Na:4,6 Ka:32,67 Mg:3 Ca:5,23 Fe:0,16 Zn:0,02 Col.:0,05 Hsr.:8,3

Zutaten:
Topfen (Quark) 20% 200 g / 200g. (ja)
Weizen Mehl 400 g. / 400g. (ja)
Kuhmilch (Vollmilch 3,5 % Fett) 6 EL / 70g. (wenig)
Rapsöl 6 EL / 70g. (empfehlenswert)
Honig 8 EL / 100g. (ja)
Backpulver 1 Paket / 3g. (ja)
Salz 1 Prise / 1g. (wenig)
Zimtpulver 1 TL / 3g. (ja)
Zwetschken 1 Kg / 1000g. (ja)

Kochanleitung:
Mehl, Quark, Milch, Öl, Honig, Salz und Backpulver zu einem glatten Teig verrühren. Den Teig 15. Min. kühl stellen und quellen lassen .Auf einem mit Backpapier ausgelegten Backblech den Teig auslegen, die Zwetschken gleichmäßig darauf verteilen und mit dem Zimt bestreuen. Für ca. 40 Min. bei 190 Grad backen.

4 Wirkung der Lebensmittel

4.1 Zutaten verwenden: empfehlenswert

Aal
Barsch
Dorsch
Fischstücke gemischt (Süßwasser)
Forelle
Frischkäse aus Soja
Heilbutt
Hering
Holunderblütentee
Kabeljau
Lachs
Makrele

Mittelmeerfisch (Kabeljau, Scholle,
Schellfisch, Seeaal, Makrele)
Rapsöl
Reishi
Rotbarsch
Scholle
Soja Cuisine (Soja-Sahne)
Sojabohne
Sojabohnen, Gelbe
Süßwasserfisch
Thunfisch
Walnüsse

4.2 Zutaten verwenden: ja

Aal geräuchert
Acerola Fruchtnektar oder Pulver
Adzukibohnen
Agar-Agar, Agartang
Agavendicksaft
Ahornsirup
Aloesaft
Amaranth
Amaranth POPS
Ananas
Ananassaft ungezuckert
Andornkraut
Angelikawurzel
Anis (gemeiner Fenchel)
Apfel (sauer)
Apfel (süß)
Apfelmus
Apfelsaft (Naturtrüb)
Aprikose
Aprikose getrocknet
Aprikosen Marmelade
Aprikosennektar
Artischocke
Aubergine
Austern
Austernpilze
Austernschalenpulver
Avocado
Backpulver
Baldrian
Bambussprossen

Banane
Banane Kochbanane
Banchatee
Bärentraubenblätter
Bärlauch (Knoblauchspinat)
Basilikum
Basilikum (frisch)
Bataviasalat
Beeren der Saison
Beerensaft
Benediktinerdistel
Berberitzenrindetee
Birne
Birnensaft
Bitter Lemon
Bitterklee
Bitterorangenschale
Blattsalate (bitter)
Blumenkohl (Karfiol)
Blütenpollen
Bocksdornfrüchte (Fructus Lycii)
getrocknet
Bockshornklee
Bohnen (grün, frisch)
Bohnenkraut
Bohnenöl
Borretsch
Borretschöl
Boxhornkleesamen
Brennnessel
Brokkoli

Brombeerblätter
Brombeere
Brombeere getrocknet (unreife)
Brombeermarmelade
Brösel (Weizenbrot, Semmel)
Brot mit Johannisbrotkernmehl
Brötchen (Semmel)
Buchweizen
Buchweizen (geröstet) Kasha
Buchweizen Vollkorn
Bulgur (Getreide)
Buschbohnen
Butterbohnen weiße
Calamari
Cashewnüsse
Champignon
Channa-Dal
Chenpi (chinesische
Mandarinenschale)
Chicorée
Chili (Schote oder gemahlen)
Chinakohl
Chlorella (Süßwasser)
Chrysanthemenblütentee
Clementinen
Colagetränk (kalorienarm)
Couscous
Cranberries
Cumin (Kreuzkümmel)
Curry
Currypaste rot
Dashi
Datteln getrocknet
Datteln rot
Dill
Dinkel
Dinkel Brot
Dinkel Flocken
Dinkel Gries
Dinkel Vollkornmehl
Distelöl
Dornhai (Seeaal, Schillerlocken)
Dulse (Lappentang)
Eibennuss
Eibisch (Hibiscus)
Eisbergsalat
Endiviensalat
Enzianwurzel
Erbse, grün
Erbsen
Erdbeere
Erdbeermarmelade
Erdbeersaftgetränk
Erdnussöl

Essig (Apfelessig)
Essig (Rotweinessig)
Essig Aceto Balsamico
Essig Aceto Balsamico weiss
Essiggurke
Estragon
Färberdiestel (Hong Hua)
Färberginsterkraut
Feige
Feige getrocknet
Feldsalat
Fenchel
Fenchelsamen gemahlen
Fencheltee
Fisch Innereien
Fischreste
Fischsouce
Flaschenkürbis
Flohsamen
Flunder
Forelle (geräuchert)
Früchtetee
Fruchtzucker (Fruktose,
Traubenzucker)
Gagelpflaume
Galgant
Gänseblümchen
Gänseblut
Garam Masala Pulver
Garnele
Gelatine weiss
Gelee Royal
Gemüsesaft
Gerste
Gerste (Nacktgerste)
Gerste (Perlgerste)
Gerstengras Pulver
Gerstengraupen
Gerstengrütze
Gerstenmalz
Gerstenmehl
Getreidekaffee
Gewürznelke
Ginkgofrucht
Ginsengwurzel
Glühweingewürzmischung
Granatapfel
Grapefruit getrocknete Schale
Grapefruit/Pampelmuse/Pomelo
Grapefruitsaft
Graskarpfen
Grüner Tee
Grünkern
Guave

Gurke
Gurke (bitter)
Gurke (Gewürzgurke)
Hafer
Hafer Flocken (Vollkorn)
Hafer Flocken geröstet
Hafer Mehl
Hafer Milch
Hafer Schmelzlocken (Babynahrung)
Hafer Schrot
Hagebutte
Hagebuttentee
Haifisch
Hammel
Hase
Hase, wild
Haselnüsse
Hefe
Heidelbeere
Heidelbeere getrocknet
Heidelbeermarmelade
Heidelbeersaft
Hibiskustee
Hijiki
Himbeerblättertee
Himbeere
Himbeere getrocknet (unreife)
Himbeermarmelade
Hiobsträne (Samen) YiYi Ren
Hirsch Fleisch
Hirsch Knochen
Hirse
Hirseflocken
Hokkaidokürbis
Holunderbeeren
Honig
Honigmelone
Hopfen
Hummer
Ingwer frisch
Ingwer Pulver
Ingweröl
Jakobstränen
Jasminblütentee
Joghurt (natur, 1,5 % Fett)
Johannisbeere (rot)
Johannisbeere (schwarz)
Johannisbeere (weiß)
Johannisbeermarmelade (rot)
Johannisbeermarmelade (schwarz)
Johannisbeernektar (schwarz)
Johannisbrotkernmehl
Kaffee
Kaffeeweißer

Kakao
Kaki-Pflaume
Kaktusfeige
Kalmus
Kamille
Kaninchen Fleisch
Kapern (eingelegt)
Kapuzinerkresse
Karambole/Sternfrucht
Karausche
Kardamom
Karotte (Frühkarotte)
Karotte (Mohrrübe, Möhre)
Karottensaft ohne Zucker
Karpfen
Kartoffel
Kartoffel (mehlige)
Kartoffelmehl
Käsepappeltee
Kastanien (Maronen)
Kaviar
Kerbel
Kerbel getrocknet
Kichererbsen
Kirsche
Kirsche (sauer)
Kirschenkompott
Kirschsaft
Kiwi
Klementine
Klettenwurzeltee
Knäckebrot
Knoblauch
Kohlrabi
Kohlrübe
Kokosflocken
Kokosmilch
Kokosnussfleisch
Kokosraspeln
Kombualge
Kompott (Früchte der Saison)
Kopfsalat
Koriander
Koriandergrün
Korinthen (rot)
Korinthen (schwarz)
Krabbe
Krake
Kräuter bittere
Kräuter der Provence
Kräuter verschiedene
Kräuter Wildkräuter
Kräuterteemischung
Kresse

Kuhmilch (1,5 % Fett)
Kukichatee
Kümmel
Kümmel gemahlen
Kumquat
Kürbis
Kürbiskerne
Kürbiskernöl
Kurkuma (Gelbwurz)
Kuzu
Lamm Fleisch
Lamm Schulter
Languste
Lauch (Porree)
Lauchzwiebel Schnittlauch
Laugengebäck
Lavendelblüten
Leberglättertee
Leinöl
Leinsamen
Leinsamen (geschrotet)
Liebstöckel
Liebstöckelsamen
Limabohnen
Lindenblütentee
Linsen (Helmbohnen)
Linsen gelb
Linsen rot
Linsen schwarz
Löffelbiskuit
Loquate/Japanische Mispel
Lorbeerblatt
Lotossamen
Lotoswurzeln
Löwenzahn (junger)
Löwenzahnsaft
Löwenzahnwurzeltee
Luohan-Frucht
Lychee
Lychee (Konserve)
Magermilchpulver
Mais
Mais (geröstet)
Mais (Schnellpolenta)
Mais Gries (Polenta)
Mais Mehl (Maizena)
Maishaartee
Maiskeimöl
Maisstärke
Majoran
Makannastern Samen
Malventee
Malz
Mandarine

Mandelmilch
Mandelmus
Mandeln
Mandeln Marzipan
Mango
Mangold
Mangopulver
Mangosaft
Maniokmehl
Margarine
Margarine (Diät)
Marillen
Marillensaft
Maulbeerfrucht
Meeräsche
Meereskrebs
Mehrkornbrot (Graubrot)
Melisse
Miesmuscheln
Mineralwasser
Mirabelle
Miso
Miso schwarz (fermentiert)
Mispel
Mixed Pickels
Mohn
Moosbeere
Morchel (schwarz, getrocknet)
Mu-Erh-Pilz
Mungbohne
Mungbohnensprossen
Muskatnuss
Müsli
Nachtkerzenöl
Nektarine
Nelke
Nierenbohnen (rote)
Nori, Purpurtang, Rotalge
Obstmischung Fruchtsaft
Odermennig
Okra
Oliven
Oliven grün
Olivenöl
Orange
Orange abgeriebene Schale
Orange getrocknete Schale
Orange Schale
Orangenblüten
Orangenmarmelade
Orangensaft
Oregano frisch
Oregano getrocknet
Palmöl

Papaya
Paprika
Paprika (Rosenpaprikapulver)
Paprika (süß)
Paranuss
Passionsblumenblütentee
Passionsfrucht (Maracuja)
Pastinake
Peperoni
Peperoni, gelb, entkernt, halbiert
Peperoni, rot, entkernt, halbiert
Petersilie
Petersilienwurzel
Pfeffer Cayenne
Pfeffer Körner
Pfeffer weiss (gemahlen)
Pfefferminze
Pfefferminztee
Pfeilwurzelmehl
Pferd Fleisch
Pfifferlinge/Eierschwammerl
Pfirsich
Pfirsich (Dose)
Pflaume
Pflaume getrocknet
Piment
Pinienkerne
Pintobohnen gesprenkelt
Pistazien
Preiselbeere
Preiselbeermarmelade
Preiselbeersaft
Puddingpulver Vanille
Pumpernickel
Pute Brustfleisch
Pute Schinken
Qualle
Quinoa
Quitte
Radicchio
Radieschen
Reh Fleisch
Reineclaude
Reis Basmatireis
Reis Duftreis
Reis Gaoliangreis (Sorghum)
Reis Klebreis
Reis Langkornreis
Reis Reisschleim
Reis Roter
Reis Rundkornreis
Reis Schwarzer
Reis Sorte beliebig
Reis Süßer

Reis Vollkorn
Reis Wilder (Naturreis)
Reismalz
Reismehl
Reisnudeln
Reisstärke
Rettich (weiß, grün, lila-rot)
Rettich Meerrettich (Kren)
Rettich schwarz
Rettichblätter (vom Wochenmarkt)
Rhabarber
Roggen
Roggen Vollkornbrot
Roggenmehl
Römersalat/Lattich-Salat
Rosenblättertee
Rosenblütentee
Rosenkohl
Rosinen
Rosmarin
Rote Grütze (ohne Zucker)
Rote Rübe
Rotkohl
Rotwein
Safran
Sago (Getreide)
Sahne 10% Kaffeesahne
Sahne sauer 10%
Sake
Salbei
Sanddorn
Sardellen/Sardine
Saubohnen (Dicke Bohnen)
Sauerampfer
Sauerkirsche
Sauerkraut
Sauerteig
Schaffleisch
Schafgarbe
Schafgarbentee
Schlehdorn
Schmelzkäse 12%
Schnecke
Schwarzaugenbohnen
Schwarze Bohnen
Schwarzer Fungu Pilz
Schwarzkümmel
Schwarztee
Schwarzwurzel
Schwedenkraut (Schwedenbitter)
Seegurke
Sellerie Knolle
Sellerie Stangensellerie
Senf

Senf Dijon
Senf mittelscharf
Senf süß
Senfsamen
Sesam Paste (Tahini)
Sesam, Schwarzer
Sesam, Weißer
Sesamöl
Sesamöl geröstet
Shiitake, getrocknet
Shrimps
Silbermorchel, getrocknet
Soja Tofu
Soja Tofu geräuchert
Sojabohnen, Schwarze
Sojabohnen, Schwarze, fermentiert
Sojabohnenmilch
Sojacreme
Sojamehl
Soja-Nudeln
Sojaöl
Sojapaste (Miso)
Sojasauce
Sonnenblumenkerne
Sonnenblumenöl
Spargel (grün oder weiß)
Speiserüben
Spinat
Spitzwegerichtee
Stachelbeere
Stangenbohnen (Fisolen)
Steinpilz/Herrenpilz
Sternanis
Stevia (Süßkraut)
Stutenmilch
Süßholzwurzeltee
Süßkartoffel
Süßwasserkrebs
Tabasco
Teemischung Harnsäuresenkend
Thymian
Thymian getrocknet
Tintenfisch
Toastbrot (Vollkorn)
Tomate
Tomate getrocknet
Tomatenmark
Tomatenpüre
Tomatensaft
Tonicwasser
Topfen (Quark) 20%
Trauben rot
Trauben weiß
Traubenkernöl

Traubensaft rot
Traubensaft weiß
Trüffel
Tsampa (geröstetes Gerstenmehl)
Umeboshipaste
Umeboshipflaumen (Japanaprikosen)
Vanille
Vanillepulver
Vanilleschote
Vanillezucker natur
Vogelmiere
Vogerlsalat (Pflücksalat)
Vollkornbrot
Vollkornbrot mit ganzen Körner
Vollkornmehl
Wacholderbeere
Wachskürbis
Wakame
Walderdbeeren
Walnussöl
Wasser
Wasser heiss
Wassermelone
Weißbrot (Weizenbrot)
Weißbrot Baguette
Weißbrot Brösel (Weizenbrot)
Weißbrot Knödelbrot (Weizenbrot)
Weißbrot Salzstangerl
Weißbrot Semmel
Weißdorn
Weiße Bohnen
Weißfischchen
Weißkohl/Weißkraut
Weißwurz
Weizen
Weizen Bulgurweizen
Weizen Fladenbrot
Weizen Flocken
Weizen Gras Pulver
Weizen Gries
Weizen Gries - Kindergries
Weizen Mehl
Weizen Mehl Vollkorn
Weizen/Roggen Grau- Schwarzbrot mit Hefe
Weizengrassaft
Weizenkeimöl
Weizenkleie
Wermutkraut
Wildkräuter
Wildschwein Fleisch
Wirsing/Grünkohl
Yamswurzel, Yamswurzelknolle
Yogitee

Ysop
Zimtpulver
Zimtstange
Zitrone
Zitrone Saft
Zitrone Schale
Zitrone, Limette
Zitronengras
Zitronenmelisse (frisch)
Zitronenmelisse (getrocknet)
Zucchini

Zucker Fructose Fruchtzucker
Zucker Glukose Traubenzucker
Zucker Milchzucker
Zuckerersatz (Süßstoff)
Zwetschken
Zwieback
Zwiebel Frühlingszwiebel
Zwiebel rot
Zwiebel Schalotte
Zwiebel weiss

4.3 Zutaten verwenden: wenig

Ananas (aus der Dose)
Bier (alkoholarm)
Bier (alkoholfrei)
Bier (Altbier)
Bier (Pils)
Bitterlikör
Blätterteig
Bratöl
Brie
Butter (halbfett)
Butter Bio
Buttermilch
Butterschmalz
Camembert
Campari
Colagetränk
Creme fraiche
Edamer
Emmentaler
Ente (Frühmastente, schlachtfrisch)
Ente (Herz)
Entenei
Erdnuss (geröstet)
Erdnussbutter
Erdnüsse
Fasan
Fernet Branca (Kräuterbitterlikör)
Feta
Frischkäse
Frischkäse mit Kräuter
Gans
Gans (Gänseklein)
Gans (Gänseschmalz)
Gänseei
Ginsenglikör
Gorgonzola
Gouda
Hirsch Nieren
Honigwein (Met)
Huhn Blut

Huhn Ei
Huhn Eigelb
Huhn Eiweiß
Huhn Fleisch
Huhn Herz
Huhn Leber
Huhn Magen
Hüttenkäse
Joghurt (natur, 3,5 % Fett)
Kaninchen Leber
Kefir
Kokosfett
Kuhmilch (Vollmilch 3,5 % Fett)
Lamm Knochen
Lamm Leber
Lamm Nieren
Longane
Lycheelikör
Malzbier
Martini
Mayonnaise 50%
Mayonnaise 80%
Molke
Mozzarella
Nudeln (Vollkorn) mit Ei
Nudeln (Weizen) mit Ei
Nudeln (Weizen, Bandnudeln) mit Ei
Nudeln (Weizen, Lasagneblätter) mit Ei
Nudeln (Weizen, Spagetti) mit Ei
Parmesan
Prosecco
Quargel 20%
Rind (Kalb)
Rind Filet
Rind Fleisch
Rind Fleischknochen
Rind Herz
Rind Herz (Kalb)
Rind Knochenmark
Rind Leber

Rind Lunge (Kalb)
Rind Magen
Rind Niere
Rind Ochsenschwanzstücke
Rind Suppenfleisch
Rum
Sahne sauer 20%
Sahne sauer 30%
Sahne, süß 30%
Salz
Salz Kräutersalz
Sauermilch
Sauerrahm 15% Fett
Schafmilch Joghurt
Schafskäse
Schafsmilch
Schimmelkäse
Schmelzkäse 30%
Schnaps
Schokolade
Schokolade (Diabetiker)
Schwein Blut
Schwein Bratwurst
Schwein Darm
Schwein Fett
Schwein Fleisch
Schwein Haut
Schwein Haxe (Eisbein)
Schwein Herz
Schwein Hirn
Schwein Leber
Schwein Lunge
Schwein Magen
Schwein Markknochen

(Röhrenknochen)
Schwein Mettwurst
Schwein Nieren
Schwein Schinken
Schwein Schinken gekocht
Schwein Schinken geselcht
Schwein Schinkenspeck
Schwein Schmalz
Sherry
Taube
Taube Ei
Topfen (Quark) 40%
Wachtel
Wachtel Ei
Walnüsse geröstet
Weißwein
Weizen Bier
Wermut
Ziege
Ziegen- und Schafsblut
Ziegen- und Schafshirn
Ziegen- und Schafsleber
Ziegen- und Schafsmagen
Ziegen- und Schafsmilch
Ziegenkäse
Zucker (Staubzucker)
Zucker (weiß, aus Rüben)
Zucker braun
Zucker Kandis weiß
Zucker Melasse
Zucker Palmzucker
Zucker Ursüße (Zuckerrohr) süß

4.4 Kontraindikativ wirkende Lebensmittel nicht verwenden

Astronautenkost

5 Komplementär

5.1 Dekokt (Abkochung)

5.1.1 Engelwurz/Angelica (Wurzel)

Beseitigt Eiter. Stimuliert Schweißbildung und Entschlackung über die Haut, lindert Schmerzen und Entzündungen bei Rheuma.
Abkochung aus 3-6 g, in zwei Dosen auf leeren Magen trinken.

5.1.2 Eukalyptus

Gut gegen Atemwegsentzündungen mit Verschleimungen, Grippe, Infekte, Muskelschmerzen, Kopfschmerzen, Entzündungen der Harnwege, rheumatische Beschwerden.
9-15 g
Verwendung: Tee, ätherisches Öl
Nicht bei Kinder unter 12 Jahren, erstes Schwangerschaftsdrittel.

5.1.3 Kardamom

Fördert Verdauung, nährt Knochen und Sehnen, löst Blähungen, kontrolliert übermäßigen Harndrang, hilft bei Verdauungsschwäche.
Abkochung aus 3-10 g, in zwei Dosen auf leeren Magen trinken.
Nicht anwenden bei: Magengeschwüren.
Wirkstoffe: Fettes Öl, Zucker, Eiweiß, Gummi, Stärke, viele weitere Inhaltstoffe.

5.1.4 Muttergedenkenwurzel

Senkt Fieber, lindert Schleimhautentzündungen, weicht gereiztes Darmgewebe auf, wirkt harntreibend und abschwellend.
Abkochung 6-12 g, in zwei Dosen auf leeren Magen trinken
Als Pulver (pur, Kapseln oder Pillen) 5-10 g, in zwei Dosen auf leeren Magen mit warmem Wasser oder Wein trinken.
Nicht anwenden bei: bei Leere-Kälte-Zuständen in Milz und Magen; bei wässrigem Durchfall Besonderheiten: Chronische Anwendung kann zu Darmträgheit führen.
Unverträglichkeit mit: Eisenpräparaten, allen Gegenständen aus Eisen.
Vorsichtig verwenden bei: weichem Stuhl durch Milz-Xu.

5.1.5 Wacholderbeeren

Fördert Verdauung. Gut gegen Appetitlosigkeit, Müdigkeit, Rheuma, Gicht, Abwehrschwäche, Reizblase. Harnregulierend.
2 Teelöffel des Tees mit 250 ml kochendem Wasser übergießen und 10 Minuten ziehen lassen. Danach absieben. Nach Bedarf 2 bis 3 Tassen pro Tag trinken.
Verwendung: Tee, würzen.
.
Überdosierung meiden, Schwangere und akuten Nierenkranke sollten verzichten. Bei äußerlicher Einwirkung kann es zu einer Entzündung der Haut mit Blasenbildung kommen.

5.1.6 Wegwarte Wurzel

Hilft bei Ikterus, Hepatitis, Fieber, Übelkeit, Diarrhöe, Kopfschmerzen, Obstipation, trockener Stuhl, Durst, Völlegefühl, Appetitmangel, Stimmungsschwankungen, Ödeme, Übergewicht, Hyperurikämie (Gicht und Rheuma).
2-6 Gramm fein geschnittener Wurzel werden mit 150 ml kaltem Wasser übergossen. 2 – 3 Min kochen und dann abseihen. Der Tee wird ½ Std vor dem Essen getrunken und sollte nicht gesüßt werden.
In seltenen Fällen können allergische Hautreaktionen auftreten.

5.2 Einreibung

5.2.1 Chili Schoten

Äußerlich als Einreibungen gut gegen rheumatische Erkrankungen, Erkältung, Fieber, Verdauungsschwäche, Übelkeit, Erbrechen, Schmerzen, Depressionen, Verspannungen.
Hohe Dosen können bei längerer Anwendung zu lebensgefährlicher Hypothermie führen, zu akuter Gastritis, Nierenentzündung.
Zubereitungen mit Capsicum reizen auch in geringen Mengen Haut und Schleimhäute und können schmerzhaftes Brennen hervorrufen.

5.3 Fertiggetränk

5.3.1 Milch Ersatz bei veganer Ernährung

Vegane Milch hat ähnliche Kocheigenschaften und Geschmack wie tierische Produkte aber teilweise andere Inhaltsstoffe und Spurenelemente, welche bei ausgewogener Ernährung auch durch andere Lebensmittel ergänzt werden.
Es gibt industriell hergestellt Ersatzmilch aus möglichst natürlich

angebauten Pflanzen wie Soja, Weizen, Reis, Lupinen,... Diese werden als Pulver und flüssig abgepackt angeboten. Auf Sterilität ist besonders zu achten, richtiges Kochen des Wassers und saubere Utensilien sind Voraussetzung. Bei Naturprodukten ist es gut, die Betriebe persönlich zu kennen oder zertifizierte Hersteller auszuwählen.

5.4 Heilbad

5.4.1 Bad mit Kamille

Entzündungshemmend, antibakteriell, krampflösend, wundheilungsfördernd. Beruhigender Effekt auf die Psyche.
Für ein Bad können ca. 40-60g getrocknete Kamillen als Sud oder je nach Gebrauchsanweisung Kamillenextrakt verwendet werden.

5.5 Heil-Tee (Aufguss)

5.5.1 Benediktienerdiestel, Benediktenkraut

Appetitanregend. Gut gegen Verdauungsstörungen, Übelkeit, Wechsel zwischen Diarrhöe und Obstipation, Arthritis, Gicht, Fieber.
Das Benediktenkraut besitzt ein gewisses Allergiepotential. Das Öl der Pflanze, das bei eitrigen Hautgeschwüren angewendet wurde, wirkt vor allem gegen Staphylokokken bakteriostatisch.

5.5.2 Brennnessel Blätter

Appetitanregend, Blutreinigend, Blutstillend, Durchfall, Fördert die Blutbildung, Haarwuchsfördernd, Harntreibend, Harnwegserkrankungen, Rheumatismus, Schleimlösend, Stoffwechselanregend, Rheuma, Arthritis, Blutzuckersenkend, Entgiftend.
2-4 Teelöffel des Tees mit 250 ml kochendem Wasser übergießen und 10 Minuten ziehen lassen. Danach absieben. Nach Bedarf 2 bis 3 Tassen pro Tag trinken.
Wirkstoffe: Flavonoide, Chlorophylle, Vitamine, Mineralsalze, Beta-Sistosterin, Pflanzensäure, Histamin in den Haaren,

5.5.3 Enzianwurzel

Wirkt abschwellend, senkt das Fieber, stärkt den Magen, lindert Schmerzen und Entzündungen bei Rheuma.
2-5 g in zwei Dosen nach den Mahlzeiten trinken
Pulver 2-3 g pur, als Kapseln oder Aufguss in zwei Dosen nach den Mahlzeiten einnehmen Besonderheiten: Enzian wird sowohl in der östlichen als auch in der westlichen Medizin seit sehr langer Zeit als

Bittertonikum verwendet. Er regt die Verdauung an und steigert die Durchblutung im Bauchraum. Enzian beruhigt die überaktiven Energien von Milz und Pankreas und kann so die Entwicklung von Diabetes hinauszögern. Außerdem verhindert er, dass bereits bestehender Diabetes mellitus weiter fortschreitet.

5.5.4 Klettenwurzel

Gegen Harnwegsinfekte, Ödeme, Lymphstau, Harngries, Ekzeme, Grippale Infekte, Halsentzündungen, Rheumatische Arthritis, Gicht, Krampfadern.
10g / Liter
Eins der besten Blutreiniger. Viele Giftstoffe werden aus der Leber über die Gallenblase ausgeschieden, aber einige werden
über das Blut ausgeschieden. Die Klettenwurzel hat die einzigartige Fähigkeit, Giftstoffe über den Blutstrom auszuleiten und hilft dabei, die Leber zu entgiften.
Medizinische Anwendungen: Abszesse, Akne, Zorn, Arthritis, Blutreinigung, Furunkel, Bronchitis, Lippengeschwüre, Krebs, Candida, Windpocken, Erkältungen, Husten, Blasenkatarrh, Schuppen, Ödeme, Ekzeme, Frauenleiden, Fieber, Grippe, Gicht, Heuschnupfen, Nesselsucht, Hypoglykämie, Verdauungsstörungen, hemmt Tumore, Reizbarkeit, Gelbsucht, geschwollene Gelenke, Keratose, Nieren- und Leberprobleme, Lymphstauungen, Masern, Mumps, Ziegenpeter, Fettleibigkeit, Schmerz, Lungenentzündung, Schuppenflechte, Rheumatismus, Krätze, Hautkrankheiten, Halsentzündungen, Verstauchungen, Staphylokokken, Harnwegsinfektionen, Gebärmuttervorfall.
Eigenschaften: Alterativ (stellt stufenweise die Gesundheit wieder her), antibakteriell, antibiotisch, antifungal, entzündungshemmend, fiebersenkend, antitumoral, abführend, regt den Geschlechtstrieb an, choleretisch, reizlindernd, schweißtreibend, milchtreibend, hypoglykämisch, schleimanregend, nährend, verjüngend.

5.5.5 Odermennig

Bei hartnäckigem Rheumatismus, bei Bettnässen, manche Entzündungen im Mund und Milzleiden.
1–4 g getrockneter Tee als Dekokt, 1–4 ml Tinktur.
Das Kraut enthält viele Bitter- und Gerbstoffe und hilft daher als Tee bei Magen-Darm-Erkrankungen und Leberleiden. Lindert jedoch als Gurgelmittel auch Zahnfleischentzündungen, Halsweh und Husten.

5.5.6 Rooibos

Antioxidativ, entzündungshemmend, krebshemmend, schützt durch enthaltene Flavonoide, positive Wirkung auch auf Alzheimer, Arteriosklerose. Antiallergisch, hemmt die Histaminausschüttung. Antibakteriell, antiviral, antifungal, entgiftend (basisch).
3-4 Teelöffel Rooibos mit einem Liter kochendem Wasser überbrühen und 6-10 Min. ziehen lassen. Bei weichem Wasser benötigen Sie weniger Tee für die Zubereitung, bei härterem Wasser empfehlen wir eine höhere Dosierung.

5.5.7 Rosmarin frisch

Fördert Verdauung, lindert Blähungen, stärkt Lunge, Milz und Niere. Wirkt belebend auf Kreislauf und Nerven. Appetitanregend. Wannenbäder helfen sowohl bei Kreislaufschwäche, Durchblutungsstörungen als auch bei Gicht und Rheuma.
Rosmarin wirkt belebend auf Kreislauf und Nerven und verdauungsanregend. Das herb aromatische Kraut passt gut zu Fleischgerichten, auch zu Fisch. Mit Olivenöl und Knoblauch schmeckts wie im Süden.

5.5.8 Taubnessel

Adstringierend, antibakteriell, beruhigend, blutreinigend, blutstillend, entzündungshemmend, harntreibend, krampflösend und schleimlösend.
3 TL Blüten und Kraut mit ¼ Liter kochendem Wasser übergießen, 5 Minuten ziehen lassen und abseihen. Davon täglich 3 Tassen trinken.

5.5.9 Weidenrinde

Fiebersenkend, Entzündungshemmend, Schmerzlindernd.
9-15 g

5.6 Komplementäre Anwendung

5.6.1 Akupunktur

Die Akupunktur gehört zu den Nerven oder Organe regulierenden Therapien.
Traditionelle Chinesische Medizin (TCM) bezeichnet meist eine Auswahl von diagnostischen und therapeutischen Verfahren,
die im chinesischen Kulturkreis in vielen Jahrhunderten angewandt wurden.
Das chinesische Wort für Akupunktur besteht aus zwei Teilworten, die die Hauptanwendung der Akupunktur beschreiben, nämlich dem Einstechen

der Nadel in die Akupunkturpunkte und dem Erwärmen (Moxibustion) der Punkte. Akupunktur in der Ming-Dynastie (1368–1644). Bibliothèque Nationale, Paris. In der Akupunktur wird die Existenz von 361 Akupunkturpunkten angenommen, die auf den Meridianen angeordnet sind. Demnach gibt es zwölf Hauptmeridiane, die jeweils spiegelverkehrt auf beiden Körperseiten paarig angelegt sind, acht Extrameridiane und eine Reihe von so genannten Extrapunkten. Nach Meinung der Anhänger der Traditionellen Chinesischen Medizin wird durch das Einstechen der Nadeln der Fluss des Qi beeinflusst. Die Akupunktur gehört zu den Umsteuerungs- und Regulationstherapien. Noch älter als die Akupunktur ist die Akupressur. Hier werden die Punkte mit Hilfe der Fingerkuppen massiert. Das Konzept der Ohrakupunktur (auch Auriculotherapie genannt) wurde vom französischen Arzt Paul Nogier entwickelt. 1954 berichtete er erstmals in der Deutschen Zeitschrift für Akupunktur über seine Erfahrungen und 1961 stellte er seine Diagnose- und Therapieform auf einem Akupunkturkongress in Deutschland vor. Die Behandlung über das Ohr ist zwar auch aus der chinesischen Akupunktur bekannt, es werden dort jedoch nur wenige Punkte – und diese auch nur selten – verwendet. Daneben besteht noch das Konzept der koreanischen Handakupunktur, bei der die Meridiane fast komplett auf den Händen abgebildet sind, sowie das der Schädelakupunktur mit Abbildung der Meridiane auf den Schädel. Ähnliche Vorstellungen stecken auch hinter der Fußakupunktur.

Heutzutage wird immer öfter von der Krankenversicherung die Akupunktur zur Schmerztherapie angeboten. Auch bei Krankenhausaufenthalten kann eine Therapie in Anspruch genommen werden. Die Therapie kann mit Nadeln aber auch sanfter mit Pflaster selbst während der Chemotherapie durchgeführt werden.

5.6.2 Apitherapie

Die Heilwirkung von Honig, Propolis, Blütenpollen, Gelee Royale und Bienengift: Propolis hat starke antibakteriellen, pilzhemmende und antiallergischen Eigenschaften und unterstützt dadurch jeden Heilungsprozess.

Das Heilen mit Bienenprodukten ist eine der ältesten Therapieverfahren. Die Heilwirkung von Honig, Propolis, Blütenpollen, Gelee Royale und Bienengift sind lange bekannt. Propolis hat starke antibakteriellen, pilzhemmende und antiallergischen Eigenschaften und unterstützt dadurch jeden Heilungsprozess. Blütenpollen ist aufgrund seines Reichtums an essentiellen Aminosäuren, sekundären Pflanzenstoffen (u. a. Flavonoide), organisch gebundenen Mineralstoffen und Vitaminen ein wichtiges Mittel zur Stärkung der Abwehrkräfte. Das Wachstum von Krebszellen (Neuroblastom) könnte gehemmt werden. Der Wirkstoff

Artepillin C soll die Bildung neuer Blutgefäße im Tumor hemmen, was zum Aushungern und damit zur Schrumpfung führen kann. Heute weiß man, dass die Entstehung bestimmter Krebsarten im Zusammenhang mit Viren steht. In dem Propolis seine antivirale Wirkung entfaltet, kann eine krebsvorbeugende und krebshemmende Wirkung entstehen.

5.6.3 Ayur Veda

Ayurveda ist eine Kombination aus empirischer Naturlehre und Philosophie, welche die Ausgewogenheit des Körpers anstrebt.
Ayurveda hat einen ganzheitlichen Anspruch, da der ganze Mensch mit einbezogen wird. Es werden pflanzliche Heilmittel verabreicht, welche eingenommen oder aufgetragen werden. Dadurch werden Organe gestärkt oder eine Entgiftung/Entschlackung angeregt.
Speziell bei Krebs wird das Ungleichgewicht verschiedener Elemente beschrieben und behandelt. Die Methoden der Schulmedizin mit Chirurgie, Strahlentherapien und andere Behandlungsmethoden ähneln denen der Ayurveda in vielen Punkten.

5.6.4 Einschlafkissen mit Hopfenzapfen

Entspannend, ausgleichend, stimmungsaufhellen.
Bei Bedarf anwenden.

5.6.5 Enzympräparate

Enzyme sind Proteinketten, die biochemische Reaktionen auslösen. Sie könnten Umweltgifte neutralisieren und freien Radikalen, Bakterien, Viren und Pilzen entgegenwirken.
Die Dosierung für eine Therapie und eine Kombination von Präparaten legt der Arzt für jeden Patienten individuell fest.
Bei einer Erkrankung der Bauchspeicheldrüse verschreibt der Arzt Enzympräparate. Hierfür verwendet man Enzyme, die aus der Bauchspeicheldrüse des Hausschweins stammen.
Durch Zufuhr von Enzymkombination geht man davon aus, dass das Immunsystem positiv beeinflusst oder die Entzündungsheilung gegebenenfalls beschleunigt wird.
Die Einnahme von Enzympräparaten löst manchmal allergische Reaktionen aus. In einigen Fällen tritt eine Verdauungsstörung in Form von Blähungen, Übelkeit, Bauchschmerzen, Erbrechen und Durchfall auf.
Keine Enzymtherapie während der Schwangerschaft.

5.6.6 Heilfasten

Das Fasten zählt zu den ältesten Heilmethoden. Entgiftet und baut Immunsystem auf.
Das Fasten zählt zu den ältesten Heilmethoden. In aktuellen Untersuchungen hat sich gezeigt, dass Heilfasten konkret gegen Krebszellen vorgeht und daher eine wichtige Komponente in einer ganzheitlichen Krebstherapie darstellen kann. Es gibt schon seit vielen Jahren mehrere Kliniken, welche die Krebstherapie mit Fastenkuren verbinden und gute Erfolge haben. Die Methode wurde vor mehr als 60 Jahren bereits in Russland angewendet. Da Krebszellen meistens einen sehr hohen Stoffwechsel haben und daher auch viel Energie benötigen, werden beim Fasten auch die Entwicklung gebremst. Grundsätzlich wird beim Fasten auch der Körper von Abfallstoffen gereinigt und dadurch das Immunsystem gestärkt. Die Erfolgsaussichten sind bei den verschiedenen Krebsarten unterschiedlich.
Die Methode des Heilfastens beruht auf der Philosophie, dass durch das Fasten besonders die Krebszellen geschwächt werden. Ich halte diese Methode nur unter ärztlicher Aufsicht durchführbar. Wenn ein Körper während eines Heilungsprozesses massiv geschwächt wird kann es zu massiven Beeinträchtigungen bei der Wundheilung kommen.

5.6.7 Vitamin D Präparate

Vitamin D ist eine Vorstufe eines lebensnotwendigen Hormons und unterstützt die Regulierung des Calcium-Spiegels im Blut (gegen Osteoporose), es beeinflusst aber auch die Funktion der Muskeln.
Dosierung nach Rücksprache mit einem Ernährungsberater und nach Herstellerangaben.
Für eine ausreichende Versorgung mit Vitamin D ist eine angemessene Sonnen- oder UV-B-Bestrahlung notwendig.
Überdosierung schadet der Gesundheit.

5.6.8 Weihrauch

Entzündungshemmend, beruhigend.
Als Räucherwerk oder Salbe oder Dragees

5.7 Öl für Massage

5.7.1 Arnika

Arnika Massageöl fördert die Durchblutung, lockert die Muskulatur. Innerlich eingenommen: gut gegen zerebrale Durchblutungsstörungen, Venen und Arterienerkrankung, Traumata, Hämatome, Angina Pectoris, Arteriosklerose, Kreislaufschwäche, Bronchitis.
Massageöl aus 10g Arnikablüten und 50g Aloe-Vera Öl ansetzen und 3 Wochen zeihen lassen (ev. in die Sonne stellen und gelegentlich schütteln).
Arnikablüten kommt zum Einsatz bei: Gewebs- und Organschädigungen (z.b. nach mechanischen Einwirkungen und bei Störungen der Blutversorgung); Verletzungen wie Zerrungen, Quetschungen, Blutergüsse. Nach dem Waschen, Baden, Duschen oder Schwimmen sparsam in die noch feuchte Haut einmassieren. Während der Schwangerschaft regelmäßig verwenden, um Schwangerschaftsstreifen zu vermeiden.
Vor innerer Anwendung von Arnika ist abzuraten. Sie kann zu Übelkeit, Erbrechen und Herzbeschwerden führen.

5.8 Salbe

5.8.1 Beinwell

Bei schmerzhaften Muskel- und Gelenkbeschwerden, Prellungen, Zerrungen, Verstauchungen sowie zur lokalen Durchblutungsförderung. 2 Teelöffel des Tees mit 250 ml kochendem Wasser übergießen und 10 Minuten ziehen lassen. Danach absieben. Nach Bedarf 2 bis 3 Tassen pro Tag trinken.
Beinwell enthält eine Unmenge wertvoller Inhaltsstoffe, darunter viel Allantoin. Die pürierten Blätter oder ein Brei aus der Wurzel heilen offene Wunden und Ekzeme, lindern Quetschungen, Verstauchungen, Brüche und Krampfadern.
Wegen dem enthaltenen Allantoin nicht innerlich anwenden. Tee nicht in der Schwangerschaft trinken.

5.9 Speisezugabe

5.9.1 Gelbwurz (Kurkuma)

Fördert die Entleerung der Gallenwege, gut gegen Magen-Darmbeschwerden. Antioxidativ, antiviral, antibakteriell und entzündungshemmend.
Für eine tägliche, dauerhafte Einnahme, kann Kurkuma zu Kartoffelpüree, Milchspeisen, Suppen oder Soßen beigemengt werden.
Wirkstoffe: ätherisches. Öl, Bitterstoffe, Curcumin, Stärke

Gelbwurz oder Tumeric - Hat beeindruckende Erfolge bei der Behandlung von Karzinogenen und Mutagenen bei Labortieren erzielt. Konzentrierter Gelbwurz zeigte ein Vermehrung der Glutathion S-Transferase-Enzyme, die für das Leben und die Leberentgiftung von wesentlicher Bedeutung sind.
Medizinische Anwendungen: Amenorrhoea, Blutarmut, Arthritis, Asthma, Blutgerinnsel, Krebs, Candida, Katarrh, aufbauend, Husten, Ruhr, Dysmenorrhöe, Ekzeme, Winde, Gallenblasen-Erkrankungen, Gallensteine, Gastritis, Herzleiden, Hepatitis, zu hohem Cholesterinspiegel, Verdauungsstörungen, reizbarem Darm, Gelbsucht, Leberentgiftung, Schutz der Leber, Übelkeit, Fettleibigkeit, Rachenkatarrh, Hautkrankheiten, einschließlich parasitischer Hautinfektionen, Traumata, Harnwegskrankheiten, Tumore an der Gebärmutter.
Eigenschaften: Alterativ, schmerzlindernd, antibiotisch, anti-koagulant (hemmt Blutgerinnung) antifungal, entzündungshemmend, antioxidierend, antiseptisch, aromatisch, adstringierend, galletreibend, kreislaufanregend, verdauungsfördernd, den Eintritt der Monatsblutung förderndes Mittel, leberstärkend, Stimulans, unterstützt die Wundheilung.
Bei Verschluss der Gallenwege oder Gallensteinen sollte man auf Kurkuma verzichten.

5.10 Verschiedene Möglichkeiten

5.10.1 Ampfer

Hilft bei Hauterkrankungen (Ekzeme), Juckreiz, Geschwüre, geschwollene Drüsen, Obstipation, Leber und Gallenleiden, rheumatische Erkrankungen, Gicht, Eisenmangel.
Übergießen Sie frische oder getrocknete Blätter mit Wasser und lassen sie mindestens zehn Minuten ziehen.
Nicht verwenden in der Schwangerschaft und Stillzeit.

5.10.2 Brennnessel Wurzel

Stabilisiert Harnverhalten. Gut gegen Rheuma und Gicht

5.10.3 Meerrettich

Gut gegen Allergien, Stirnhöhleninfektionen, Nieren - u. Blaseninfektion, Bronchitis, Rheuma, Kopf - u. Zahnschmerzen.
Wirkstoffe: Senföl abspaltende Glykoside, Gluconasturtiin, Sinigrin, Vitamin C, Kalium
Zuviel kann zu Reizungen im Magen - Darm u. Niere führen.

5.10.4 Reishi

Regeneriert die Leber, wirkt entgiftend und entzündungshemmend. Gut gegen chronischer Hepatitis, Schwellungen, Rötungen und Juckreiz. Reguliert das Immunsystem, weckt und unterstützt die Selbstheilungskräfte. Verbessert die Sauerstoffsättigung des Blutes. Als Zugabe zu Tee, Kakao oder Kaffee. Als Kapseln, Extrakt, Pulver oder ganzer Pilz.
Reishi ist reich an Mineralstoffen und Spurenelementen Magnesium, Kalium, Calcium, Eisen, Zink, Kupfer, Mangan und organisch gebundenes Germanium, welches in der Tumortherapie und für die Interferonproduktion eine große Rolle spielt. Wertvollen Polysaccharide, Glykoproteine, Proteoglykane, Triterpene, Sterole, Alkaloide und eine Vielzahl weiterer hochaktiver Wirksubstanzen.

5.10.5 Rosskastanie

Gut gegen Krampfadern, Falten, Hämorrhoiden, Rheumatische Beschwerden, Menstruationsproblemen, Krämpfe.
Wirkstoffe: Aesculus-Saponine, Gerbstoffe, Flvonglykoside
Nicht verwenden bei Schwangerschaft, empfindlicher Magen.

6 Grundlagen der Ernährung

Die hier beschriebenen Grundlagen der Ernährung zeigen allgemeine Empfehlungen und beziehen sich nicht auf eine spezielle Therapieform. Die Empfehlungen der Therapie haben Vorrang.

6.1 Ernährung

Die regelmäßige Einnahme von Mahlzeiten in entspannter Atmosphäre. Ein wärmendes Frühstück gilt als guter Start in den Tag. Mittags sollte die Hauptmahlzeit stattfinden - das Abendessen am frühen Abend.

Die Beachtung von Hunger- und Sättigungsgefühlen: Nicht überessen und nicht hungern, so lautet die Regel.

Die frische Zubereitung der Speisen aus naturbelassenen, regionalen Produkten. Tiefgekühlte, hitzekonservierte, industriell vorgefertigte oder mikrowellengegarte Lebensmittel werden gemieden.

Die Auswahl von Lebensmittel nach der Jahreszeit: Im Sommer mehr kühlende Nahrung, im Winter mehr wärmende Nahrung.

Mindestens zweimal am Tag Gekochtes essen. Speisen und Getränke sollen möglichst handwarm, niemals eiskalt oder heiß sein.

Rohkost, kurz gegartes Gemüse, frisch gepresste Säfte und Mineralwasser werden üblicherweise nicht empfohlen. Milch und Milchprodukte stehen nur dann auf dem Speiseplan, wenn sie problemlos vertragen werden.

Therapeutische Rezepte nicht über einen längeren Zeitraum ohne Rücksprache mit dem Arzt oder Therapeuten einnehmen.

1.Vielseitig essen
Lebensmittelvielfalt genießen. Merkmale einer ausgewogenen Ernährung sind abwechslungsreiche Auswahl, geeignete Kombination und angemessene Menge nährstoffreicher und energiearmer Lebensmittel. (Einerseits Schutz vor Unterversorgung mit essentiellen Nährstoffen und andererseits Schutz vor einer überhöhten Zufuhr unerwünschter Inhaltsstoffe.)

2.Reichlich Getreideprodukte und Kartoffeln

Brot, Nudeln, Reis, Getreideflocken (am besten aus Vollkorn), sowie Kartoffeln enthalten kaum Fett, aber reichlich Vitamine, Mineralstoffe, Spurenelemente sowie Ballaststoffe und sekundäre Pflanzenstoffe. Diese Lebensmittel sollten mit möglichst fettarmen Zutaten verzehrt werden.

3.Gemüse und Obst Nimm "5" am Tag ...

5 Portionen Gemüse und Obst am Tag, möglichst frisch, nur kurz gegart, oder auch eine Portion als Saft – idealerweise zu jeder Hauptmahlzeit und auch als Zwischenmahlzeit: Damit werden reichlich Vitamine, Mineralstoffe sowie Ballaststoffe und sekundären Pflanzenstoffe (z.B. Carotinoiden, Flavonoiden) zugeführt. Das Beste, was man für die eigene Gesundheit tun kann.

4.Täglich Milch und Milchprodukte, ein- bis zweimal in der Woche

Fisch; Fleisch, Wurstwaren sowie Eier in Maßen. Diese Lebensmittel enthalten wertvolle Nährstoffe, wie z.b. Calcium in Milch, Jod, Selen und Omega-3-Fettsäuren in Seefisch. Fleisch ist wegen des hohen Beitrags an verfügbarem Eisen und an den Vitaminen B1, B6 und B12 vorteilhaft. Mengen von 300 - 600 g Fleisch und Wurst pro Woche reichen hierfür aus. Fettarme Produkte bevorzugen, vor allem bei Fleischerzeugnissen und Milchprodukten.

5.Wenig Fett und fettreiche Lebensmittel

Fett liefert lebensnotwendige (essenzielle) Fettsäuren und fetthaltige Lebensmittel enthalten auch fettlösliche Vitamine. Fett ist besonders energiereich, daher kann zu viel Nahrungsfett Übergewicht fördern, möglicherweise auch Krebs. Zu viele gesättigte Fettsäuren fördern langfristig die Entstehung von Herz-Kreislauf-Krankheiten. Pflanzliche Öle und Fette bevorzugen (z.B. Raps-, Oliven- und Sojaöl und daraus hergestellte Streichfette). Auf unsichtbares Fett achten, das in Fleischerzeugnissen, Milchprodukten, Gebäck und Süßwaren sowie in Fast-Food- und Fertigprodukten meist enthalten ist. Insgesamt 70 - 90 Gramm Fett pro Tag reichen aus.

6.Zucker und Salz in Maßen

Nur gelegentlich Zucker und Lebensmittel, bzw. Getränke verzehren, die mit verschiedenen Zuckerarten (z.B. Glucose Sirup) hergestellt wurden. Kreativ mit Kräutern und Gewürzen und wenig Salz würzen. Jodiertes Speisesalz bevorzugen.

7.Reichlich Flüssigkeit

Wasser ist absolut lebensnotwendig. Jeden Tag rund 1-2 Liter Flüssigkeit trinken. Wasser (ohne oder mit Kohlensäure) und andere kalorienarme Getränke bevorzugen. Alkoholische Getränke sollten nicht konsumiert werden.

8. Schmackhaft und schonend zubereiten

Die jeweiligen Speisen bei möglichst niedrigen Temperaturen garen, soweit es geht kurz, mit wenig Wasser und wenig Fett - das erhält den natürlichen Geschmack, schont die Nährstoffe und verhindert die Bildung schädlicher Verbindungen.

9. Sich Zeit nehmen und das Essen genießen

Bewusstes Essen hilft, richtig zu essen. Auch das Auge isst mit. Sich beim Essen Zeit lassen. Das macht Spaß, regt an, vielseitig zuzugreifen und fördert das Sättigungsempfinden.

10. Auf das Gewicht achten und in Bewegung

Ausgewogene Ernährung, viel körperliche Bewegung und Sport (30 bis 60 Minuten pro Tag) gehören zusammen. Mit dem richtigen Körpergewicht fühlt man sich wohl und fördert die Gesundheit.
Thermik, Wirkrichtung, Verdauungskraft
Es gibt unterschiedliche Kriterien, die Wirksamkeit von Kräutern und Lebensmittel zu beurteilen. Der Einsatz der Kräuter und Zutaten basiert auf Beobachtung, was die Lebensmittel, Kräuter und Gewürze nach ihrem Verzehr im Körper bewirken. In der Medizin hat sich daraus folgendes System entwickelt: Jede Zutat oder Kraut hat eine Wirkrichtung. Außerdem gibt es noch Kräuter, die eine besondere Wirkung auf bestimmte Organe haben.

Voraussetzung für einen gesunden Stoffwechsel ist es, darauf zu achten, dass wir ausreichend Energie aus der Nahrung gewinnen und der Verdauungsprozess so wenig Energie wie möglich verbraucht. Eine bekömmliche Mahlzeit macht zufrieden und satt, verursacht keine Blähungen und keine Müdigkeit nach dem Essen. Richtiges Würzen erhöht die Bekömmlichkeit unserer Speisen. Es genügen oft schon geringe Mengen an Kräutern und Gewürzen. Sie dienen nicht dazu, uns satt zu machen, sondern helfen unseren Verdauungsorganen, die Nahrung zu verdauen.

6.2 Rezepte

Die Rezepte zeigen Ihnen welche Zutaten verwendet werden sowie mit der Kochanleitung wie diese zubereitet werden. Bei den Zutaten wird neben den Mengenangaben auch die Wichtigkeit für die Therapie angezeigt. Wenn dabei angezeigt wird "weniger als angegeben" versuchen Sie diese Empfehlung einzuhalten oder eine Alternative aus der Liste der "Empfohlenen Lebensmittel" zu finden. Meistens ist es nur eine leichte geschmackliche Änderung, wenn Sie diese Zutat gänzlich weglassen.

Schonende Kochmethoden: Kochen, dämpfen, pochieren, dünsten
Scharfe Kochmethoden: Grillen, rösten, anbraten, räuchern
Ausgeglichene Kochmethoden: Frittieren, Römertopf

Auf das Einfrieren und Erwärmen in der Mikrowelle sollte verzichtet werden (Denaturierung).

6.3 Lebensmittel

Lebensmittel wirken wie Heilkräuter auf Körper und Geist, nur wesentlich sanfter. Die Ernährungsberatung stützt sich hauptsächlich auf heimische Lebensmittel. Das Wissen über die Wirkungsweisen jedes einzelnen Lebensmittels und das Wissen, wann welche Lebensmittel zur Anwendung kommen, entstammt der Schulmedizin. Verwende Sie möglichst Erzeugnisse aus ökologischen-biologischem Landbau.

Da wegen der besseren Verdaulichkeit grundsätzlich alles lange gekocht und kaum roh gegessen wird, ist die Verträglichkeit hervorragend.

Die Einteilung der Lebensmittel entsprechend ihrer Wirkung auf den Körper und bildet die Basis, um einen ausgewogenen und harmonischen Gesundheitszustand im Körper zu erreichen.

Grundsätzlich empfiehlt die Ernährungsberatung keine bestimmten Lebensmittel für Jedermann. Ausschlaggebend für den individuellen Speiseplan ist vor allem die persönliche Konstitution.

Kaufen Sie nur frisches und reifes Obst und Gemüse ein. Braune Stellen, welke Blätter aber auch unreifes Obst und Gemüse sollten Sie im Supermarkt zurücklassen. Greifen Sie dann zu Tiefkühlware (keine Fertiggerichte!). Tiefkühlobst und -gemüse werden kurz nach dem Ernten schockgefroren und enthalten deshalb oftmals mehr Vitamine und Mineralstoffe als die Ware aus der Obst- und Gemüsetheke! Konserven- und Dosenware dagegen enthält wesentlich weniger Biostoffe. Zudem werden Letztere meist mit Salz, Zucker usw. angereichert. Lassen Sie die Zutaten nach dem Waschen nie im Wasser liegen, denn so gehen viele Vitalstoffe ins Wasser über! Putzen Sie Salate, Früchte und Gemüse erst unmittelbar vor Verzehr.

Beachten Sie bitte die hygienische Verarbeitung der Lebensmittel.
Waschen Sie Ihre Salate, Früchte und Gemüse gründlich. Bei Gerichten
mit Fleisch bereiten Sie zuerst die Zutaten vor und verarbeiten dann die
Fleischprodukte. Reinigen Sie danach die Arbeitsflächen und Werkzeuge
besonders gründlich. Holzunterlagen sollten regelmäßig mit leichtem
Desinfektionsmittel behandelt werden, um die Keimbildung
einzuschränken.

Bewahren Sie Obst und Gemüse möglichst getrennt voneinander auf.
Auch geerntete Früchte und Gemüse leben und strömen z.b. Ethylengas
aus, das andere Sorten schneller reifen und altern lässt. Fleisch und
Fisch in der verschlossenen Verpackung lassen oder in luftdichten Boxen
im Kühlschrank aufbewahren.

6.4 Kräuter

Bei der Aufbewahrung und Lagerung von Heilkräutern, müssen gewisse
Grundregeln beachtet werden. Grundsätzlich müssen Heilkräuter
geschützt vor direkter Sonneneinstrahlung, vor Feuchtigkeit und vor
heißen Temperaturen gelagert werden.

Als Gefäße für die Lagerung von Heilkräutern können Gläser, Keramik-
Behälter und zur Not auch Plastik-Dosen eingesetzt werden. Plastik ist
aber ein sehr unreines Material und sollte daher wirklich nur eine
kurzfristige Notlösung sein. Bei Glasbehältern ist darauf zu achten, dass
dunkles Glas verwendet wird.

Heilkräuter können nicht beliebig lange aufbewahrt werden. Die
Haltbarkeit von Heilkräutern ist auf jeden Fall begrenzt. Durch die
Haltbarkeitsdauer kann durch sachgerechte Lagerung wesentlich erhöht
werden. So soll der Lagerplatz dunkel, eher kühl und absolut trocken
sein. Ein Medizinschrank aus Holz, der nicht direkt bei einer
Wärmequelle platziert ist wäre ideal. Um Ihre Heilkräuter nicht wegwerfen
zu müssen, kaufen Sie nicht zu große Mengen an Heilpflanzen.
Beschriften Sie die Behälter mit dem Namen des Heilkrauts und dem
Datum der Ernte bzw. der Verarbeitung.

7 Weitere Ernährungsvorschläge

Folgende Syndrome der Diätetik, der TCM oder als Therapieergänzung bei Krebs sind verfügbar.

DIÄTETIK
1. Ernährung des Säuglings - Beikost
2. Ernährung in der Stillzeit
3. Ernährung im Alter
4. Ernährung von Kindern und Jugendlichen
5. Ernährung von Sportlern
6. Leichte Vollkost
7. Schwangerschaft
8. Vollkost

Eiweiß und Elektrolyt – Nieren
9. (Hämo-)Dialysebehandlung
10. Akutes Nierenversagen
11. Chronische Niereninsuffizienz
12. Nephrotisches Syndrom
13. Nierensteine (Nephrolithiasis)

Gastrointestinaltrakt - Bauchspeicheldrüse
14. Akute Pankreatitis (Entzündung der Bauchspeicheldrüse)
15. Chronische Pankreatitis (Entzündung der Bauchspeicheldrüse)

Gastrointestinaltrakt - Dünndarm und Dickdarm
16. Akute Obstipation (Verstopfung)
17. Chronische Obstipation (Verstopfung)
18. Colon irritabile
19. Divertikulitis
20. Erworbene Laktoseintoleranz (Laktosemalabsorption)
21. Fruktosemalabsorption
22. Glutensensitive Enteropathie (Zöliakie)
23. Kolektomie
24. Kurzdarmsyndrom

Gastrointestinaltrakt - Leber, Gallenblase, Gallenwege
25. Akute und chronische Hepatitis (Entzündung der Leber)
26. Cholelithiasis (Gallensteine)
27. Fettleber
28. Leberzirrhose

Gastrointestinaltrakt - Magen und Zwölffingerdarm
29. Akute Gastritis
30. Chronische Gastritis
31. Magenblutung
32. Ulcus ventriculi und Ulcus duodeni
33. Zustand nach Magenoperation

Gastrointestinaltrakt - Mundhöhle und Speiseröhre
34. Mundschleimhautentzündung
35. Ösophaguskarzinom (Speiseröhrenkrebs)
36. Reflüxösophagitis (Sodbrennen)

spezielle Krankheiten
37. Phenylketonurie (PKU)
38. Rheumatische Gelenkserkrankungen

Stoffwechsel
39. Adipositas (Übergewicht)
40. Diabetes mellitus
41. Essstörungen (Untergewicht)
Fettstoffwechsel
42. Hypercholesterinämie (erhöhter Cholesterinspiegel)
43. Hepatische Enzephalopathie
Herz- und Kreislauf
44. Arteriosklerose (Arterienverkalkung)
45. Herzinsuffizienz
46. Hypertonie (Bluthochdruck)
47. Hyperurikämie und Gicht
veränderter Nährstoffbedarf
48. bei Fieber
49. bei malignen Erkrankungen
50. nach Verbrennungen
51. Strahlen- und Chemotherapie

KREBS
100. Bauchspeicheldrüse
101. Blasenkrebs
102. Blutkrebs (Leukämie)
103. Brustkrebs
104. Darmkrebs
105. Magenkrebs
106. Nierenkrebs
107. Speiseröhrenkrebs

TCM
200. Blase - Feuchte Hitze in der Blase
201. Blase - Feuchtigkeit und Kälte in der Blase
202. Blase - Leere und Kälte in der Blase
203. Dickdarm - äußere Kälte befällt den Dickdarm
204. Dickdarm - Feuchte Hitze im Dickdarm
205. Dickdarm - Hitze blockiert den Dickdarm II akut
206. Dickdarm - Trockenheit des Dickdarms
207. Dickdarm - Yang Mangel (Kälte)
208. Herz - Blut Mangel
209. Herz - Blut Stagnation
210. Herz - Feuer
211. Herz - Heißer Schleim verstopft die Herzporen
212. Herz - Kalter Schleim verstopft die Herzporen
213. Herz - Qi Mangel
214. Herz - Yang Mangel
215. Herz - Yin Mangel
216. Leber - aufsteigender Leber-Yang
217. Leber - Blut-Mangel
218. Leber - Blut-Stagnation
219. Leber - feuchte Hitze in Leber und Gallenblase
220. Leber - Feuer
221. Leber - Gallenblase Qi-Leere
222. Leber - Kälte im Lebermeridian
223. Leber - Qi-Stagnation

224. Leber - Wind
225. Leber - Wind mit aufsteigendem Leber Yang
226. Leber - Wind mit Blutleere
227. Leber - Wind mit extremer Hitze
228. Lunge - Qi Mangel
229. Lunge - Schleim-Feuchtigkeit in der Lunge
230. Lunge - Schleim-Hitze in der Lunge
231. Lunge - Schleim-Kälte in der Lunge
232. Lunge - Trockenheit der Lunge
233. Lunge - Wind-Hitze befällt die Lunge
234. Lunge - Wind-Kälte befällt die Lunge
235. Lunge - Yin Mangel
236. Magen - Blutstagnation
237. Magen - Feuer
238. Magen - Magenkälte mit Flüssigkeit
239. Magen - Nahrungsstagnation
240. Magen - Qi Mangel
241. Magen - rebellierendes Magen Qi
242. Magen - Yin Leere
243. Milz - Hitze und Feuchtigkeit befällt die Milz
244. Milz - Kälte und Feuchtigkeit befällt die Milz
245. Milz - Qi Mangel
246. Milz - Qi Mangel + Absinkendes MilzQi
247. Milz - Qi Mangel + Milz kontrolliert das Blut nicht
248. Milz - Yang Mangel
249. Niere - Herz und Niere kommunizieren nicht mehr
250. Niere - Jing Mangel
251. Niere - Nieren können das Qi nicht empfangen
252. Niere - Qi ist nicht fest
253. Niere - Yang Mangel
254. Niere - Yin Mangel